历史上的刘墉

纪连海 著

中国出版集团公司
中国民主法制出版社
全国百佳图书出版单位

图书在版编目（CIP）数据

历史上的刘墉/纪连海著. —2版. —北京：中国民主法制出版社，2018.1

ISBN 978-7-5162-1711-5

Ⅰ. ①历… Ⅱ. ①纪… Ⅲ. ①刘墉（1719—1804）—生平事迹 Ⅳ. ①K827=49

中国版本图书馆CIP数据核字（2017）第296582号

图书出品人：刘海涛
出 版 统 筹：赵卜慧
责 任 编 辑：刘海涛　刘春雨　庞贺鑫

书名/ 历史上的刘墉
LISHISHANGDELIUYONG
作者/ 纪连海　著

出版・发行/ 中国民主法制出版社
地址/ 北京市丰台区右安门外玉林里7号（100069）
电话/（010）63055259（总编室）　63057714（发行部）
传真/（010）63056975　63056983
http:// www.npcpub.com
E-mail：mzfz@npcpub.com
经销/ 新华书店
开本/ 16开　710毫米×1000毫米
印张/ 11.75　**字数**/ 150千字
版本/ 2018年1月第2版　2018年1月第1次印刷
印刷/ 北京中兴印刷有限公司

书号/ ISBN 978-7-5162-1711-5
定价/ 40.00元

再版说明

2006年，纪连海老师在中央电视台《百家讲坛》栏目所做的一系列讲演（《正说和珅》《正说刘墉》《正说纪晓岚》《正说多尔衮》）获得了极大的成功，社会反响强烈。有鉴于此，我社及时将纪老师的讲演稿整理成书稿并予以出版。该套图书一经问世，便得到了广大读者的喜爱，图书多次加印，广受好评。

图书首版时，因时间仓促，书中难免存在一些讹误，此次再版，我们做了一些修订。修订的重点集中于文中所引用的一些历史文献（如《清实录》《清史稿》）及清人著作（如《嘉乐堂诗集》《阅微草堂笔记》）中的错误。

再版工作得到了纪连海老师的鼎力支持，在此我们表示衷心的感谢。因水平所限，此次修订工作难免会有不足之处，敬请读者批评指正，并借此机会向关心和支持出版社工作的广大读者和各界人士致以诚挚的谢意！

中国民主法制出版社

2017年10月

代序

探寻清史真相的向导

纪连海先生在北师大二附中教书，又在中央电视台《百家讲坛》讲学，还要著书立说，实在是位挑战自我的杰出教师，是个有历史责任感的辛勤学者。

我从他满怀激情的如珠妙语，从他对历史的谦恭谨慎，感觉到了他做人的真实与为师者的风范。

由于战乱频仍与数次政权更迭，历史烟尘浓重、泥沙俱下——书籍被毁、信仰几遇危机。或因这衣食无着的几代人，只疲于奔命，今已模糊了刘墉、纪晓岚与和珅等众人的背影，朦胧了那个盛世。历史繁华喧嚣过后，早已沉默无语；而清史至今无人系统整理，只留下些旷世奇谜。

连海先生，当是让人们拨开这团迷雾的一位称职向导。他的激动背后是认真，轻松里面是沉重。他是用自己的勤奋博学、孜孜不倦，在孤独、荒芜的历史过道上跋涉与发现，严谨、细致地寻觅匆匆过客们的蛛丝马迹。一帚帚地清除厚重的泥尘，一刷刷地擦扫演绎的锈蚀，一字一句地拾回鲜活与真迹；致力于那盛世历史，以恢复本来的生命与故事，以让那久远的铜镜亮丽如新、光彩照人。

年富力强的连海先生，是在从事一项艰辛且神圣的工作。历史是严肃、繁杂的，就是自己记录自己，也会遗漏脚印。演绎的故事，又不是正史。古与今，人们前行，总是在许多不可知的混沌与机遇中摸索；很多历史悬念，得不到理想的下回分解；历史经过、结局的生成，不会像剧本构思那样圆满、巧妙，那样依附理性，那样有序渐进。有种瓜得瓜、种豆得豆，但这种也要种好了，不要破坏生态，毁灭家园。多少个梦寐以求到头来两手空空，多少人出师未捷身先死。连海先生，在浩繁的先人记忆中，睿智挖掘、审慎比对与科学鉴别出真切的历史脚印。于是，在他愉悦幽默的讲坛上，墨香情切的书著里，人们终于看到了乾隆年间，有芳香气息的花木，有脉搏跳动的人物，呈现出活生生大清王朝原生态的君臣群像。

人生不满百，常怀千岁忧。历史又往往是今人的借鉴——社会需要反腐倡廉，保证国体健康；百姓需要持以忠孝爱国，承接民族传统。人们进而渴望在历史沉淀中，各自寻找各层面与方位的自我和真谛，用以尽量拔高与延伸自己的感知与作为。行进的人们不光是常常做梦般地向前看，也是在时时准确地向后瞧，以精准自己的方位和目标，以科学行使自己的言论和作为。

于是，当民族复兴的崭新太阳冉冉升起时，要腾飞的人们，正惶惑不安地寻觅、认知自我，怕丢失了自己的根基与镜子。

故而，很多人都想与那些梳着扫平四夷、问鼎中原的清朝大辫子们对话、交流，让他们详真地讲述当时；人们都想与那些二百多岁的祖爷爷探讨如何做人、秉政，如何吸取经验、教训。在前人的笑声与泪光中，光大民族与自己。人们渴想能有这种跨时空的神秘沟通，以永葆国运祥和兴盛，以避免自己日后走得曲折，行得困苦。

于是，人们渴盼新世纪，再出现个真确、严谨解读历史的司马迁，连海先生在这条艰辛路上的探求与付出，让人们看到了这个希望。

根据家谱记载，我是刘氏家族十六世人。我二世祖刘恒，明朝弘治（有说成化）年间，从今安徽砀山，迁山东诸城逄戈庄务农；五世祖刘通，在明末时考取秀才；六世祖刘必显，1652年中进士，清顺治年间任广西员外郎；七世祖刘棨，1685年中进士，康熙时做过四川布政使；八世祖刘统勋，1724年中进士，他除暴安良，体恤民情，竟破了汉人在清廷做官的纪录——当了首席大学士与军机大臣；九世祖刘墉，1751年中进士，他机智博学，勤政爱民，也当过首席大学士与尚书房总师傅。

其中，八世祖刘统勋应该故事最多——据《清史稿》记载，就曾有十二次被任命为钦差，到各地修河、勘狱，处理政务；尤其是惩治了很多贪官，审理了张廷玉结党营私案，冒死制止乾隆以大量满洲人出任地方官的重满轻汉弊政。他清正廉洁，严词拒绝下属馈赠。常常不顾奸佞截杀，微服出京访贫问苦，深得百姓拥戴。

刘氏爷们以自己血泪、气节跋涉艰险，救民水火，百姓敬仰其浩浩正气，耿耿忠诚。当人们遭遇灾难时，企盼清官解救社稷与自己，就将这史距近、事迹多的老少刘公故事由街谈巷议，演绎成亦庄亦谐的地方书戏，如《君臣斗》、《铡叶阁老》、《左连成告状》与《黄爱玉上坟》等，并在民间流传近二百年。

刘必显与三世后人中，有35人考取举人，11人中进士。刘氏家族被乾隆帝称赞为“海岱高门第也”与“国史之表”。1814年，嘉庆帝亲命太子少保光禄为刘氏家族修谱；并将刘统勋、刘墉身后，供奉于地安门外乃营庙的贤良祠内，与屈原、岳飞和包拯等忠良享有同等待遇——后朝帝王群臣，每年春秋两次祭祀，行两跪六叩三献之礼。而十世时，又出了吏部尚书刘镮之，十一世又出了文化官刘喜海。刘氏家族如此昌盛，得益于忠孝厚积的民族传统，也得益于六世祖刘必显与七世祖刘棨的苦心培植与先身营造。

纪连海先生正说的刘氏家族与刘必显、刘棨、刘统勋与刘墉的四世业绩，与我家族记载吻合，并且翔实。可从他笔中这些人物，证实其做学问考证的仔细、态度的严谨，可见其敬业的真诚与谋事的艰辛。

听了这比我年轻近二十岁的连海先生讲述我家二百多年前的历史，件件事倒比我清楚。于是，新奇的我与他第一次通了电话；原来他是做过大量繁琐的网上与社会调查，并以细致推理甄别——他以其做学问的坚韧、刻苦，侃侃而谈地走上历史讲坛，使我深受震撼。在其后的多次电话与交往谈话中，我终于认识了博学、爽朗且谦虚、厚道的纪先生。我羡慕这个腾飞年代年轻人的执着与智慧，于是，我也发奋紧跟着这新时代的跃动与理念前进。

连海热情约我共同研究刘家历史，让我甚为感动，这让 61 岁当过报纸副刊编辑，写过诗歌、散文的我，也骤然年轻了。我是从 1972 年开始调研我家历史的，但总集中不了精力，总指望明日。是受纪老师言行感召，我重新寻觅先人足迹，寻找自我的心灵家园。

人生短暂，岁月悠悠。刘氏后人，今有千余人家，大都仍居住山东诸城逄戈庄或附近。刘家做了六世高官，家中竟无资财积蓄。1844 年，连逢三年水灾，时居河北固安的十一世祖刘祯与刘祥，只得逃荒到黑龙江。其后一百多年间，刘家挣扎、煎熬在社会最底层，受尽歹人欺辱、压榨，给今人留下一部累累伤痕的近代家族史。

我从每分钟打字不到十个的水平开始，调查写作，重温自家历史。以自己平民视角，探寻了我家逃荒黑龙江的庞繁史实，挖掘了残酷社会穷苦人的血泪——老百姓真像那干旱与洪水中备受折磨的禾草；探讨了孤单贤良的族人，在艰难困苦中，在传统人性受到压抑、扭曲后的坚毅志向与作为。

先人的表情仍历历在目，族人的哭笑声不绝于耳。

我十一世祖刘祯，1844 年与弟弟及妻子挑着两个孩子逃荒闯关东。途中讨饭时，遇灾民群殴，丢了自己弟弟刘祥。他先在黑龙江阿城公路边三老屯住了两年多，边寻弟弟，边给旗人打工。后搬到深山老林的石虎岭东沟，与原始森林及狼嚎、鹿窥为伴歇息四年。又搬到闫家店，他豁得筋骨种田，为家挣得温饱。他谨守家族传俗，不忘故土。可他寻觅终生也未圆自己手足情，古稀之时，长久过荷的思念摧毁了他的身心，竟迫已服毒自杀——他至死眼泪不干，惨得不能瞑目。

高祖（十二世）刘万金，从 1874 年始，潜心开油坊，冬日起早贪黑跑营口经商。刘万金及其长子刘得驾驶着七挂马车，车老板们手拿纸灯，哼着高亢东北小调，整日马铃儿哗哗、车铃儿叮咚，欢快奔驰在蛮荒的冰雪上。1890 年秋，刘得赶车拉庄稼，为保全他人性命，跳车勇拦惊马，惨死车轮之下。我记着这惊心故事，直觉得先祖刘得至今还是风流倜傥的 29 岁。可为此万金痛愁成疾，于 1892 年不治身亡，拆散了自家的四世同堂。

曾祖父（十三世）刘贵，从 1893 年始，栉风沐雨驭犁处女地，驾驾、吁吁挥鞭给旗人垦荒 2600 多亩。1907 年一个秋夜，我家场院遭人放火，大火烧光了 50 万斤粮，人们只能望着熊熊火焰捶胸顿足。后来曾祖父与祖父文巨，被吃饭的八九张嘴逼得三九天去长春跑运输。1919 年运甜菜，又被野蛮的土匪抢走八匹马。此时野荒开尽，良田早归旗人，自己落得一无所有。1945 年饿病，孙儿拿物去城里换点心，回程又遭日本兵抢。曾祖父躺倒堂屋时，已家徒四壁，竟买不起棺木。

祖父（十四世）刘文巨，是自学盖房、做犁的木匠。1943 年后，连年涨水，田里抓鱼，产粮不够交租，一家到崴子挖菜，喝糠糊度日。刘家春节，摆设是炕沿的债主。可土改时，以“种地不交租子是恶霸”为由，把我家定为富农成分。为此祖父多次惨遭批斗，使其终日愁闷，卧病八年而终。时年 79 岁。

父亲（十五世）刘学清，少时读私塾不到三年。曾当过铁路警察，后任农业社会计，在铁路当文工团团长、工会主席与食堂管理员。父亲总捧书学习，超常发挥潜能。下放回家后，他的人生被“阶级斗争”磨蚀了，仍谆谆鼓励子女成才。他花甲时才逢改革开放，写了首感慨诗《痛惜》：“雪占蓝天透心寒，浮云缥缈炊烟断。遍地禾叶随风荡，残躯仅如风里烟。莺歌笑语山花灿，春情秋意展新篇。流水催人余铃尽，只叹时过境又迁。”父亲惦念后人，留下《当好一家之长》与《爱护你的身体》等文字。故于

2005年，时年85岁。

至于本人（十六世），7岁就在田野打柴、挖菜。我刨荒读书，度过糠菜的“困难时期”；1964年到大庆开汽车，为车队画黑板二十多年。我从1972年写信纠偏家庭成分，至1980年才得昭雪。1983年，以我为组长的质量管理小组，为节油在汽车上摸爬滚打了6年，被评为全国优秀质量管理小组。1990年，我改当编辑……2006年，我的诗集《中国的草》问世。

我的子侄们（十七世）都能立志读书，超越自我……

几百年来，我族人与中华民族一样——忠贞、善良与勤俭，这是刘氏家族百年的持家传统：善于忍辱负重，崇信和为贵与中庸之道，敢于挑战自我。

今天，我行进在使命与责任中，前有纪老师榜样带动，后有儿孙们的期待督促——研读好自家史，是我向自己交差的重要内容。先祖刘墉说自己是草民；于是，我把自己录写的家族传记叫《后世草民》。我写了中华民族的勤劳、质朴，写了山野禾草的顽强、芬芳。写毕，我更挚爱这禾草般平民生命的拼争与花果。我们仿佛就是一簇攀援执着、随风呐喊的禾草。虽然，昨日的连天先草，早化春泥，繁盛的往事，只剩几片珍稀；可我读懂了先人的瞳眸，看得见后人的期冀。

我辈当以禾草的名义，继续拉紧着雨露的手臂，挽同咯咯拔节的四野；甚至把自己的忧思与饥寒，都要梳理得如枫叶和冬梅般美丽；以氧和负离子的清新良知，让自己的每个情结，都结出鲜活与灿烂。花团锦簇地做好祖国大花园中一株鲜艳、顽强的新绿。让这个世界的表情、气息更灿烂、芬芳，以无愧于这个时代和自己的生命。

此文为让读者了解刘家部分后世生存状况，多写些文字。我的这次写作，确是受了纪连海老师的热诚启迪，及其先锋榜样的影响。在此，我要衷心感谢以身作则的连海先生。

聪慧、勤奋的纪老师，在这光怪陆离的万千诱惑里，找准了自己的位置，做了份卓有成效且颇具意义的工作。祝愿连海先生能百尺竿头，更进一步，在今后探索先人历史的路上，继续执着、快乐地走下去，并不断能有自己新的探索与发现。

刘士杰

于2006年8月

目录

楔子 关于刘墉和刘统勋

提起刘墉，不得不提刘统勋，也不得不提整个刘氏家族，以及这个家族的兴起缘由。刘氏家族的繁衍生息，枝盛叶茂，到刘统勋和刘墉时达到巅峰。说起刘统勋，我们知道，他是一个近些年才“流行”起来的人物。我相信，一般的读者都是从近几年来的一些电视剧，诸如《大清官》《天下粮仓》等电视剧中认识这个人的。通过电视剧的介绍，我们知道刘统勋是清朝乾隆年间的一个“清官”。由于众所周知的原因，我们似乎对历史上各种各样的“清官”很感兴趣，也正是因为这个原因，我们每一个人似乎都很想了解这个人的真正身世。

提起刘墉，我们似乎就更熟悉了。我们大家是怎么认识刘墉这个人的呢？一般而言，认识刘墉的方式有以下五种。

第一种：有一些上了年纪的人，他们听说刘墉，一般而言是听过去的说书人说的书。什么书呢？《刘公案》！

第二种：就是听刘宝瑞先生的相声，当然刘宝瑞先生已经故去很多年。我们现在听到的刘宝瑞先生的相声段子，都是刘宝瑞先生的嫡传弟子殷文硕先生整理过的，殷文硕先生把刘宝瑞先生在新中国成立前说的长篇相声段子整理成了一本书，这本书叫《官场斗智》。在此前说书的时候，它不叫

《官场斗智》，叫《满汉斗》，或者叫《君臣斗》。它是一部 30 集的相声段子，每一集大概有半个小时。通过刘宝瑞先生的相声，我们能够知道刘墉跟和珅斗智斗勇的故事。

第三种：一些年轻的人，一般而言都是从 1996 年开始风靡全国的一部长达 40 集的电视连续剧《宰相刘罗锅》中了解到刘墉这个人的。剧里面说刘墉是清朝乾隆年间山东人，进京赶考巧遇皇上并与之下棋，与和珅结怨。和珅念念不忘要置刘墉于死地，此后刘墉与和珅在朝廷、在民间，因公事、因私事发生了一系列斗智斗勇的故事。

第四种：这就是少数人了。有一些学习历史、研究历史的人，或者专业的史学工作者，就是研究历史的，是通过老师的传授或自己研究得到的关于刘墉的历史知识。

第五种：这就更是少数人了。有一些人了解刘墉的方式，是通过我们所说的书法了解的。有很多喜好书法的人都知道，刘墉是清朝中期著名的书法家。由于他的书法很有名，他的书法现在在市面上，我们也经常能见到，偶尔在拍卖会能拍卖到。有一些人是通过这种途径了解到刘墉的。

在历史上，刘统勋、刘墉确有其人。而且，他们之间，还是父子关系！

那么，历史上的刘统勋和刘墉是什么样的人呢？本书就是为大家揭示刘墉，包括其父亲刘统勋，以及刘墉家族的一本历史专著。

第一讲 刘家先祖的三次迁徙之谜

看过电视连续剧《宰相刘罗锅》的人都知道，在《宰相刘罗锅》里，曾经演过下面一段：原籍山东的刘墉进京以后，首先做了六王爷的女婿，后来又拜皇太后为干妈，也就是说刘墉这个人，他的身份是很特殊的。如果从乾隆皇帝他的妈妈这方面来讲，刘墉是乾隆皇帝的干弟弟；可是要从六王爷这儿来讲，那刘墉又是乾隆皇帝的亲戚。

首先有个问题需要我们来回答：历史上的刘统勋、刘墉父子真的是山东人么？

要想回答这个问题，那很简单——是！

可是，江苏人、安徽人甚至河南人都不干了！他们非得说历史上的刘统勋、刘墉父子本来应该是他们那里的人。这又是怎么一回事呢？

一、来自《平顶山晚报》的报道：刘统勋是咱宝丰人？

1. 一封信引起的关注

我们先看来自2002年1月28日《平顶山晚报》的一篇文章。文章的题目是《刘统勋是咱宝丰人？》。全文内容如下。

眼下，电视剧《天下粮仓》正在热播，一个鲜为人知的清代廉吏刘统勋走进了人们的视线，一时间家喻户晓。正在此时，本报采访部收到了一位署名“刘事衡”的来信，更引起记者对这位历史人物的兴趣。现将这封信节选如下：

如今，我的家乡，流传着刘统勋还乡认亲的故事。相传，刘统勋出生在宝丰县刘湾村，他少时因家乡闹灾荒而背井离乡，逃往山东。刘统勋官居相位，但他仍没有忘却生他、养他的故乡。于是，刘统勋就产生回宝丰县刘湾村认亲的想法。

日月轮回，旷日已久。刘统勋记忆中的村北部河上的青石桥已被淤泥深埋在地下，河床向西北移动了数十米远，这是刘统勋没认成亲的第一个原因。其二，当时县令怕刘统勋认亲以后，官事难做，恫吓百姓不可冒认官亲，招杀身之祸。鉴于二者，刘统勋还乡认亲就泡了汤，他虽将认亲之事委托当时的县令，但县令以查无此事不了了之。

但是，刘统勋虽未认到亲，仍有落叶归根之想，他死后，还是在宝丰县刘湾村建了一座自己的墓地，碑上书着：

大清宰相刘统勋

“文化大革命”前，刘统勋的墓地有二十余棵翠柏，墓地完好。“文化大革命”中，树被伐、碑拉倒，至今未修。

……

这样一封信，引发了记者许多好奇：刘统勋真是宝丰人？如果是，为何历史上并无记载？若是讹传，为何这故事及细节如此栩栩如生？记者决定到宝丰县刘湾村走一趟，探寻究竟。

2. 探访刘湾村

刘湾村位于宝丰县周庄镇。2002 年 1 月 22 日上午，记者跟随市侨联主席励伟英等一道前往刘湾村。

上午 9 点多钟，记者踏上刘湾村的土地，阳光正好，几位村民正在村中的河边聊天、晒太阳。记者向他们打听起了刘统勋的事。

“知道，知道，现在电视里不正在演吗？”

“他的坟就在咱村。”

几位村民纷纷说道。一位叫刘玄生的村民告诉记者：“小时候就听说村北有刘统勋的墓，还有碑。”

该村有 900 多口人，其中刘姓占了一半以上。65 岁的王福安曾见过那墓和碑，“碑不太高，青石座，20 世纪 70 年代坟都给平了，碑也不知道谁给背走了”。他还告诉记者，有一年村里有人从坟地旁边挖出一个印章来，是紫铜色的，人们让他拿来看，他只认得印章的侧面刻有“总提督”字样，后来那印被卖了，“都说那是刘统勋的印”。

刘统勋的墓地在哪儿呢？几位村民热心地领着记者来到村北的一块麦田里，但这里已丝毫看不出墓地的痕迹，“就是这儿，当年有几十个坟头，刘统勋的坟头较大，坟前竖着块石碑”。一名老者指着坟地东侧的一座小土丘和西侧的一条河说：“刘统勋的坟选在这里是很有讲究的，你看，他头枕凤凰山，脚蹬净肠河……”

坟前的那块石碑能否找到呢？一位村民说，村南头的小河沟有块很老的石碑，记者兴奋地赶去。

这是一块已断为两截的石碑，几位村民帮忙将两截断碑翻了过来，有人端来水，用布将碑擦拭干净。工整的楷书，字迹秀丽，除个别字磨灭外，大多可辨认。“大明国河南等处……承宣布政使司汝州宝丰县城东……至净肠河迤东坊廓保一图见……”落款时间是“大明崇祯”年间，看来在那时刘湾村就已存在了，可惜的是，这块碑是当年为了表彰众人捐资修建牛王庙而立的。

记者的探访，在村中引起了不小的轰动，许多人都围了过来，讲起了小时候听过的故事、戏词，刘统勋的故事在该村流传如此之深远，这一点令记者十分惊异。

75岁的老人王保安讲起刘统勋的故事，那戏词就如泉水般汩汩涌出。据他讲，村里只有刘全海的祖上与刘统勋是一家，其他刘家都是后来从山西迁过来的。当年李自成造反后，曾下令杀过黄河以南20多公里，不料接令的牛金星听错了，杀过了黄河以南200多公里，该村村民也遭到屠杀，刘统勋的爹或爷爷就担着他离开刘湾去山东要饭吃，后来刘统勋当上了大官。他儿子刘墉曾来认过亲，县官怕株连没有认成，刘全海的祖上听说此事就到京城认下了亲。

这是记者在刘湾村听到的比较完整的关于认亲的故事，这一故事也有不同版本，有的说刘全海祖上是拿着家谱进的京城，回来时拿的不是红灯笼，而是一封信。

探访刘湾村临近结束了，遗憾的是没能找到刘事衡信中提到的墓碑，但几乎人人皆知的传说和故事，又让记者觉得，说此事"子虚乌有"又似乎缺乏说服力。刘事衡很肯定地说，有人见过那块墓碑，上面写的就是"大清宰相刘统勋"，为了"挖掘"这段历史，他会继续寻找。

3. 专家说：任何观点都需证据

刘统勋究竟是不是宝丰刘湾人？在探访刘湾村时，村民们虽拿不出看得见、摸得着的"证据"，但流传几辈子的传说故事，足以使他们深信不疑。到底该怎么解释和看待这一事件，记者采访了一些研究清史的专家。

潘民中，河南省历史学会理事、平顶山市历史学会副会长兼秘书长、平顶山历史文化研究丛书主编。

潘民中介绍，《清史稿》、《清史列传》中明确记载刘统勋是山东诸城人，其父刘棨康熙年间曾官至四川布政使。据刘统勋撰《东武刘氏族谱凡例》称："吾家自前明弘治年间，始祖讳福公，自江苏砀山县迁山东诸城县。"从始祖刘福算起，刘统勋是第八代。从以上情况来看，宝丰刘湾刘统勋墓及刘统勋生于此地，出走山东诸城的说法，尚有推敲的余地。若刘统勋真是宝丰人，乾隆以后纂修的地方志，肯定会不遗余力地大书特书的。而嘉庆、道光、同治、光绪年间所修《宝丰县志》、《汝州志》、《河南省志》对之均无一字记载。这就不能不令人疑惑。

那么，宝丰刘湾若真曾有一座写着“大清宰相刘统勋”石碑的墓冢，当何解释呢？潘民中认为有三种可能：一种可能便是，刘湾的刘氏是从山东诸城迁来的刘统勋后裔的一支，他们为了便于祭祀自己的祖宗，封起了刘统勋的衣冠冢，并立了墓碑。二是刘统勋名声显赫之后，特别是《刘统勋私访》一类戏剧广为流传之后，居于刘湾的刘氏为了壮大本族的声势，封起了刘统勋的衣冠冢，并认了祖宗。这些做法在民国以前宗亲观念比较浓厚的时代是不足为怪的。三是在《东武刘氏族谱》中，对于刘福之后的第二代记述模糊，那段时期也正是明朝末年李自成起兵天下大乱之时，也有可能刘统勋祖上从刘湾逃难而走，而留下了与之并列的一支刘氏即刘全海的祖上。但是，要证明其真实性，必须找到过硬的证据。

牛建强（中国明史学会理事，河南省历史学会理事，河南大学历史文化学院教授，东北师大历史学专业明清史博士）教授认为，刘统勋是宝丰人可能性不大。村民说发现有印，印侧面刻有“总提督”，经查《明清进士题名碑录索引》，刘统勋是雍正二年二甲第十七名的进士，一生都是文职官员，而“总提督”乃是武职官衔，二者明显没有关系。如果真的有那块墓碑，上面的确写着“大清宰相刘统勋”，也疑点很大。因为古人十分重视名讳，在墓碑上不会直书其名，尤其是像刘统勋这样的官员，其死后皇帝赠谥号“文正公”，其墓碑上应有“刘文正公”等字样。

针对刘湾村流传的“认亲”等故事，牛教授认为，刘统勋弟兄十人，其后人的分支就更加庞大，有一种可能是这些分支中的某一支游历到了宝丰刘湾，所以这里便出现了有关刘统勋的传说、故事。还有一种可能性是，刘统勋任大学士时，曾到河南治过黄河决口之事，这期间他微服私访，为百姓办了不少事，当年的刘湾村人将他的故事进行记录，加以炫耀，经过后人的演绎甚至嫁接，便绘声绘色。但这一切都是推测，说刘统勋的确是刘湾人，要有家谱、文献资料及祠堂等之类的证据，而这些现在都拿不出。不过，为何这些故事会在刘湾村流传如此深远？是从何时在刘湾开始流传的？最早是哪些人讲的？这倒十分值得研究者进一步探究。

20 年前，杨玉（宝丰政协常委、《宝丰县志》主编、副编审）参加编写了《宝丰县志》。他说，当年编写县志时，听到不少有关刘墉在宝丰为民除害、仗义疏财的传说故事，但对刘湾村有关刘统勋的传说故事了解得不多。既然刘湾村有这么多传说故事，至少说明两者之间存在某种联系，这也正是他下一步想要研究的课题。

二、刘家祖籍之谜

言归正传，我首先回答大家的这个问题：历史上的刘统勋、刘墉父子到底是哪里人？是河南人么？

我可以肯定地说，绝对不是！

那历史上的刘统勋、刘墉父子到底是哪里人呢？

我可以肯定地说，是山东人！

前面我们说过，要想回答这个问题，本身并不是很困难。可是，江苏人、安徽人都不干了！他们非得说，历史上的刘统勋、刘墉父子本来应该是他们那里的人。

认为刘统勋、刘墉的先祖是江苏人的人认为他们是证据确凿的。为什么呢？

刘统勋、刘墉这个“刘”，可跟刘邦那个“刘”一样，一笔写不出两个“刘”字来，而且他们是同乡。不过不是刘统勋和刘墉，而是刘统勋和刘墉的老祖宗的时代。

刘统勋、刘墉他们家的老祖宗，世代居住在哪儿呢？居住在今天的江苏省徐州市。那个时候，叫作徐州府。徐州府下面有个县，叫砀山县。现在这个砀山县不归徐州了，已经划归安徽省了。那个时候，砀山县有个大刘村，刘统勋、刘墉他们家的祖宗在汉朝的时候就居住在那儿。这就是江苏人和安徽人所说的刘统勋和刘墉是江苏人和安徽人的由来！

那么，我们为什么又说刘统勋和刘墉是山东人呢？这刘统勋和刘墉的先祖不是又搬家了嘛！而且，前后一共搬了三次家呢！

这又是怎么一回事呢？我们还要从明初的大规模移民活动谈起。

三、明初的大规模移民之谜

明太祖朱元璋（1328 ～ 1398 年）为巩固初建的大明江山，采取的重要措施之一，就是在明初有组织地进行了中国历史上规模较大的移民活动。

明代大规模的移民活动，有其深刻的政治背景和自然原因。

宋金、宋元及金元之间的战争，造成人口大量流亡。一方面使北方人口大量南迁；另一方面，战争不断，大的瘟疫流行，人口死亡甚多，加之游牧民族重牧轻农政策，使北方地区荒无人烟。

元朝在中国的统治时间不足百年，虽然盛极一时，但“只识弯弓射大雕”。到了元代末年，由于蒙古贵族及封建地主对农民残酷剥削压迫，阶级矛盾与民族矛盾日益激化，水旱蝗疫不断，民不聊生，使河南、山东、河北、皖北等中原地区“道路皆榛塞，人烟断绝”，人民无法生活下去，只有揭竿而起，反抗元帝国的残暴统治。仅 1341 年，山东、河北、湖广等地就发生了百余次人民反元起义，以后人民起义更加频繁，力量也越来越大。从 1351 年刘福通率领红巾军在颍州起义开始，到 1368 年元帝出亡漠北为止，元末兵乱长达十多年之久。

元朝末年除兵乱之外，水旱蝗疫也接连不断。黄河、淮河又多次决口。据《元史》载，仅元朝末年的水旱灾，山东 19 次、河南 17 次、河北 15 次、两淮地区 8 次。这一切，都促使中原之地“漂没田庐无数，死亡百姓无数，村庄城邑多成荒墟”，“禾不入地、人相食”。

兵乱、水旱、蝗变、瘟疫相辅而至，百姓非亡即逃，使中原地区人烟稀少，土地荒芜。

明朝建立后，各地官吏纷纷向明政府告具各地荒凉情形，中原地区处处是“人力不至，久致荒芜”，“积骸成丘，居民鲜少”，“多是无人之地”，“累年租税不入”。劳动力严重不足，土地大片荒芜，财政收入剧减，直接威胁明王朝统治。

而在北方的山西和南方广大地区，则完全是另外一种景象。我们这里仅仅以山西为例做说明：中原地区的兵乱及各种灾疫很少波及山西，山西大部地区也没有发生大的水旱虫灾，风调雨顺接连丰收，同邻省相比社会安定，经济繁荣，人丁兴盛。元人钟迪在《河中府（蒲州）修城记》中说，当今“天下劫火燎空，洪河（黄河）南北噍类无遗，而河东一方居民丛杂，仰有所事，俯有所育”，这虽然是封建文人溢美之词，但也说明山西一带比较安定，再加邻省难民流入山西，使山西南部人口很是稠密。洪武十四年（1381 年），河南人口是 189 万 1 千多人，河北人口是 189 万 3 千多人，而山西人口却达 403 万零 450 人，等于河北、河南人口的总和。

面对内忧外患，朱元璋深知“丧乱之后，中原草莽，人民稀少，所谓田野辟，户口增，此正中原之急务”。于是，他采纳了郑州知府苏琦、户部郎中刘九皋等人的建议，采取了移民和军民屯田的政策，以加强北部边防，开垦荒地，保障军民用粮，恢复农业生产。一场大规模的历经洪武、建文、永乐三朝，历时 50 年的移民高潮就开始了。

从朱元璋（年号洪武）在元朝至正二十七年（1367 年）十月首次下令移民到朱棣（年号永乐）在永乐十四年（1416 年）一月最后一次大规模移民为止，明朝初年的大规模移民活动持续了 50 年，前后共计 18 次之多。

总之，除一部分边民和故元官吏将士之外，都是由人多地少的地区移入人少地多的地区。洪武、永乐二朝的移民人数，有数字可考者为 200 万左右，实际可能有 400 万左右。再加上大批军队开入边境地区屯田，长期从事生产，甚至有一部分人世世代代留在那里，事实上与移民无异。

四、移民印象：“倒背手”、“解手”和“小脚趾甲”的由来

晋南是山西人口稠密之处，而洪洞又是当时晋南最大、人口最多的县。据记载，明朝时在洪洞城北二华里的贾村西侧有一座广济寺，寺院宏大，

殿宇巍峨，僧众很多，香客不绝。寺旁有一棵“树身数围，荫遮数亩”的汉槐，车马大道从树荫下通过。汾河滩上的老鸹在树上构窝筑巢，星罗棋布，甚为壮观。明朝政府在广济寺设局驻员集中办理移民，大槐树下就成了移民集聚之地。

晚秋时节，槐叶凋落，老鸹窝显得十分醒目。移民们临行之时，凝眸高大的古槐，栖息在树杈间的老鸹不断地发出声声哀鸣，令别离故土的移民潸然泪下，频频回首，不忍离去，最后只能看见大槐树上的老鸹窝。为此，大槐树和老鸹窝就成为移民惜别家乡的标志。“问我祖先何处来，山西洪洞大槐树。祖先故里叫什么，大槐树下老鸹窝。”这首民谣数百年来在我国许多地区广为流传。

他们的祖先，在600多年前从山西洪洞县大槐树下出发，出村的时候一个个不约而同回头去看那大槐树和树上的老鸹窝，那是棵树身数围、荫蔽数亩、长命百岁的汉槐。大家彼此叮嘱要互相关照一生，要和大槐树一样长命百岁，要在有生之年回到大槐树下相聚。大家说：穷不帮穷谁照应？百万苦瓜咱们一根藤！

早年，长命百岁的汉朝大槐树和旁边的广济寺一起被汾河水冲得无影无踪，不过之前，它先知先觉孳生了第二代槐树。

第二代槐树活了400年，于1974年被飓风刮倒，不过之前，它也先知先觉孳生出第三代槐树。

这一切都同移民一样世世代代连续繁衍。

如今，第一代槐树所在地被移民的后人建起一座碑亭，碑上写着“古大槐树处”，长年香火不断。

二代亡槐被移民的后人用水泥铁钉固定在它生时的位置，成为“树乃伊”，接受着游子的祭拜。

第三代槐树枝繁叶茂正值壮年，一树的红色字符寄托着游子的祝愿。

三棵大槐树的所在地被移民后代捐资捐助得以厚建，如今成为国家4A级景区，学名洪洞大槐树寻根祭祖园。

自从1991年首次举办洪洞大槐树祭祖节以来，年年节日期间，都会有无数小鸟飞来落脚，在大槐树上盘旋飞翔久不离去。当地老人们说鸟儿都是当年移民以及后代的魂灵。他们生不能归来，死后却常回家看看，看看故乡的土地，听听久违的乡音！

数不清的小鸟飞到枯死的二代大槐树和正在茁壮成长的三代大槐树上，在忙着磕头的人群上空，在袅袅的香火当中飞来飞去啁啾不停："问我祖先在何处？山西洪洞大槐树！"

民国初年，宦游山东的贾村人景大启告老还乡后，集资修建了碑亭、茶室等。碑亭建在原来的古大槐树处，亭虽不大，但雕梁画栋，飞檐斗拱，精巧玲珑。亭中竖立青石碑一座，刻有"古大槐树处"五个隶体大字。碑亭背面，刻有碑文，简述移民事略。亭前靠西一侧，建有茶室三间，以备寻根游人歇憩品茗，茶室楣匾题字为"饮水思源"。碑南二十余米处建有牌坊一座，横额雕刻着"誉延嘉树"，另一面刻有"荫庇群生"。20 世纪 80 年代初，洪洞县政府重修并扩建了大槐树公园。

在这里还流传着一些有关迁徙的故事。辛亥革命后，袁世凯命山西巡抚张锡銮率卢永祥部进攻山西革命军，军队所到之处肆意抢掠。到洪洞后，士兵来到古大槐树处，纷纷下马朝拜，互相传言"回到大槐树老家了"，不但没抢掠，而且将财物供施于大槐树下。大槐树"御灾抗患"之功为人们所称道。

明初朝廷数次颁布迁徙贫民流民垦荒、"迁大户实畿辅"、屯田戍边的诏命，让数百万人告别了洪洞大槐树、告别富庶的鱼米之乡苏杭、沿海……地少人多的"狭乡"居民迁往地多人少的"宽乡"——北方地区、淮河流域。形成了中国历史上的一次人口大迁移。

还有一个绝无仅有的标志，又叫"防伪商标"，就是凡大槐树移民后裔，小脚趾甲都是不完整的，是分瓣的，因为山西人有羌人的血统。如今，依然生活在洪洞县的人们，小脚趾甲都是不完整的，是分瓣的。传说当年移民时，官兵用刀在每人小趾甲上切一刀为记。至今凡大槐树移民后裔的小趾甲都是复形（两瓣）。"谁是古槐迁来人，脱履小趾验甲形。"你若有兴趣，不妨自我查看。

当时，为防止移民逃跑，官兵把他们反绑，然后用一根长绳联结起来，押解着移民上路。人们一步一回头，大人们看着大槐树告诉小孩："这里就是我们的老家，这就是我们的故乡。"至今移民后裔不论家住在何方何地，都说古大槐树处是自己的故乡。由于移民的手臂长时间捆着，胳膊逐渐麻木，不久也就习惯了，以后移民们大多喜欢背着手走路，其后裔也沿袭了这种习惯。

从山西到江南路途遥远，朝廷担心这些移民不肯去，便派人强行押送，还用一根绳子把他们的手捆住，挽一个结，一个连一个鱼贯而行。他们的手倒背着被捆绑在一起，由官兵押解着，行千山过万水，长路迢迢，奔赴新家。到达目的地后，他们背手的习惯已经养成，并作为基因传给后代。

"解手"这个口语，大人小孩都懂得，就是"方便"的意思。有谁会想到这个口语的来历却包含着苦难呢！在整个漫长的步行过程中，人人都要"方便"，怎么办呢？人们要小便只好向官兵报告："老爷，请解手，我要小便。"次数多了，这种口头的请求也趋于简单化，只要说声"老爷，我解手"，就都明白是要小便。"方便"之后再重新捆上，于是"解手"成了移民们"方便"的同义语。

由于这次的移民时间延续很长，人员又数以万计，这个词儿使用的人数又多，渐渐地就变成为专用口语而流传下来。

五、山东的移民建屯

据学者研究，这百万移民，少数安置在今京、津一带，大部分安置在冀、鲁、豫、皖、苏等地。河南最多，安置分布于 106 个县，山东略次之，安置分布于 92 个县。

在有历史记载的 18 批次移民中，直接涉及山东的有 2 个批次，间接涉及山东的有 3 个批次。从记载的总户数推算，迁到山东的移民总数大约在 12 万～ 15 万人。后来经过再次或重复搬迁，安置山东的移民分布从 92 个县增加到了 111 个县，面积更加广泛，人口也有一定的增加。

明朝初年移民初期，移民大都安置在东昌府（今聊城）、临清一带，少部分经东昌向南到鲁西南（当时黄河在陇海铁路南，入海口在江苏临海、燕尾港之间，东昌到鲁西南并无黄河阻隔）。后来有一部分从东昌二次迁移到鲁西南，如济南府、兖州府、曹州（今菏泽）、归德（今河南商丘）等地。再后来移民向其他地区分布，后又再次向青州、莱州等胶东地区迁移。

现今鲁西南一带，约有半数村庄是明初移民建立的。

明朝初年的移民，是从屯垦开始的。屯垦分为军屯和民屯。军屯不用解释，所谓民屯，一是向居民稠密地招募去外地垦荒，二是组织流民到指定地方垦荒，并把屯垦作为安置流民的重要手段。无论军屯民屯，官府都给予优惠政策，种子、农具、牲畜，包括集中建房，老百姓称之为“官屯”。至今鲁西还有很多“官屯”的名称存在。居民稠密地也有一些农民自愿去外地垦荒，官府也给予一定优惠，也可以集中建房，也叫“屯”，但与“官屯”有所区别。

后来的大批移民，由于大都是强制性的，官府财力拮据，就享受不到种种优惠了。官府仅给予一点盘缠，一点路上吃的口粮，一张移民“凭照”，就成批押解、驱赶上路了。到了地点，随意指定，“同姓同宗”不得在一起，兄弟不得在一起。当地官府依照“凭照”登记入户，发给一点粮食做种子，发给一点钱购置农具，不管住房，只能自已择地搭建。那些移民的苦处可想而知。

山东的众多镇村就形成于这一时期，众多居民从晋、浙、苏、豫、皖（南直隶）等地迁入。刘统勋和刘墉的先祖也是在这个时期由老家江苏省徐州府砀山县搬到山东的！

由此看来，刘统勋和刘墉的祖籍是山东人应该是确凿无疑的啦，但问题又出现了。认为刘统勋和刘墉的祖籍是山东人的人们当中，还有三种说法：日照说、诸城说、高密说。这又是怎么回事呢？这是因为刘统勋和刘墉的先祖来到山东后，曾经先后三次迁徙，分别居住在不同地区的缘故！

六、刘家先祖的第一次迁徙之谜

根据山东日照刘氏族谱记载，到了1370年的时候，按照政府移民的规定，江苏徐州砀山县大刘村刘氏的一支，在刘思源的曾祖或者是高祖率领下，就从大刘村里搬了出来。

这里我要说一句，根据山东日照刘氏族谱的记载，率领江苏徐州砀山县大刘村刘氏一支响应政府号召、进行移民的是刘思源。但是，这个记载是错误的。它属于一百多年以后的追记，是非常不准确的。

他们搬到了哪里呢？刘氏众族人一行循道迤逦北去，来到群山巍峨的甲子山西北十公里、今日照市东港区黄墩镇与莒县交界处，打量了一下这里的地形地貌。只见这里群山环绕，涧水涓流，花草茂密，树木繁荫。涧泉边参天古树上，住着一窝喜鹊；涧边山岭，两翼宽阔，北高南低，像一只传说中的凤凰……果真是个好地方，于是便在这儿定居下来。后人为这里取名喜鹊窝。

刘思源的曾祖或者是高祖率领刘氏众族人，就搬到了今日照市东港区黄墩镇。当然，这在山东诸城刘氏族谱中并没有记载。

其实从江苏徐州砀山县大刘村搬到山东的日照市东港区黄墩镇，从路程上来说并不遥远，这个徐州的砀山现在归安徽。砀山县大刘村北面就是山东，东面就是江苏，西面就是河南，它自己在安徽的最北角，这个地方是四省交界处，所以搬到山东是很近的路程。

刘墉的祖先就这样搬到了日照，这是在1370年。这就是日照西部刘姓的始祖。

大明万历四十八年（1620年）的日照刘氏家谱（注：2003年在日照市东港区三庄镇刘禄后人处发现），记载了这一历史情况，记下了这一刘氏家族的大事：

“我刘氏自汉隶籍于莒，由来久矣……委因元社将屋，我祖见机，迁居徐州府砀山县大刘家村。红巾（徐刘）乱起，我祖逃居东海当芦村。至本朝洪武三年，下旨迁民，我祖复由东海迁居日照喜鹊窝。”

七、刘家先祖的第二次迁徙之谜

到了明天顺年间（1457 ~ 1464 年），刘家人丁兴旺。但是一场意外的火灾，几乎烧掉了家里的一切。那时刘氏先祖已故，葬在田家董旺庄北岭。留下刘氏兄弟五人：刘承源、刘思源、刘接源、刘续源、刘根源。

成化（明宪宗年号，1465 ~ 1487 年）年间，刘氏兄弟五人面对日益兴旺的家族，面对日益狭小的生存空间，作出了关于分家的决定：

第一，老大刘承源徙居安丘；

第二，老宅西移，改称草涧，由老二刘思源从喜鹊窝向北约一公里处的大槐树北侧，搭盖草棚居住下来；

第三，老三刘接源迁居邱前；

第四，老四刘续源、老五刘根源迁莒县。

八、刘家先祖的第三次迁徙之谜

后来，刘思源娶了本村张氏为妻，生下了福、禄、寿、禧、诗、书、忠、厚八个儿子。1924 年刘氏后代修建的一座石碑证明了这一点。这座石碑中记载到，“始祖思源公……生我二世祖福、禄、寿、禧、诗、书、忠、厚兄弟八人”。

面对日益兴旺的家族，面对日益狭小的生存空间，刘思源再一次作出了关于分家的决定：让他的八个儿子分开居住，四处谋求生路，只留四子刘禧与刘思源留守故里。刘福、刘禄二人同迁三庄刘家沟，刘寿迁刘家庄，刘诗迁大株洲，刘书迁莒县（与他的叔叔刘续源、刘根源会合），刘忠迁临沂，刘厚迁沂水刘家店（后来刘厚的一个后代又迁居沂水卜全庄），刘禧和父母仍住故里。刘思源病逝后，葬于老槐树西北侧 7 米处。

古槐树下有了人气，长势更加旺盛，枝繁叶茂。古槐高 50 余米，粗 4 搂有余，树枝长达 30 余米，直径 60 多厘米。偶尔一年，它竟没发一新枝新叶，村人以为枯死，然而第二年却又生出新枝叶，郁郁葱葱，村人甚感神奇，尊为神树。有人遇到不测，扶老携幼，前来老槐树下烧香磕头，祈求老槐树大显神灵，消祸灭灾，保佑平安。遇到天旱、遭蝗灾或遭瘟疫，人们总是给老槐树披红挂彩，烧香祭奠，鸣放鞭炮，祈祷神树降福人间，免灾除祸，保佑太平。

咸丰年间，刘墉的后人选址老槐树东北侧 40 米处，建起一座刘氏祠堂。

遗憾的是这棵千年古槐 1946 年秋被砍掉。

刘福（刘墉的高祖）后来因避匪，率三子刘恒（刘恒是刘墉的二世祖，刘墉为九世）迁居诸城逄戈庄，将长子刘志干、次子刘志贞托付于刘禄（以刘氏家谱为记）。

大明万历四十八年（1620 年）的日照刘氏家谱记载了这件事情。天顺年间，该村（注：日照喜鹊窝）被火……成化年间我高祖（注：从日照喜鹊窝）移居草涧庄（与喜鹊窝相距里许）……惟禧祖仍住故里。如福、禄二祖，同迁大刘家沟。福祖又避匪，率三子恒公迁居诸诚逢戈庄，将长子志干、次子志贞托付于我二世祖禄。寿祖分居刘家庄。诗祖分居株洲庄。书祖分居西刘家沟。忠祖迁居兰山全刘庄。厚祖迁居沂水刘家店，分支卜全庄。

1924 年刘氏后代修建的石碑也证明了这一点。碑刻记载：福、禄二公同迁刘家沟(今三庄镇刘家沟)，福公弘治年间(明孝宗年号，1488 ~ 1505 年）又迁诸城逄戈庄（现属高密市），寿公迁刘家庄（今三庄镇刘家庄）、诗公迁株洲（今黄墩大株州），书公迁莒县，忠公迁临沂，厚公迁沂水，族谱备志，惟我禧祖仍住故里。

经过几百年的子孙繁衍，到现在，刘氏已是有 3000 多人的人丁兴旺的大家族了。

刘福后人，清嘉庆十九年（1814 年），即刘墉卒后 10 年其族重修家谱时，女性及移居外省、外地未入谱者不计在内，刘氏家族已繁衍 14 代，其家族已有 822 人。这是后话。

大明万历四十八年（1620 年）的日照刘氏家谱的发现，不仅重现了湮于史海的一段家族史、民族史，而且填补了刘统勋一支族谱上关于家庭一段历史的空白。

刘统勋在其家族迁移到诸城县250余年后始创家谱时在凡例中说：

——吾家自前明弘治年间始祖讳福公迁诸城后，至祖讳恒公，家谱因遭兵烬，中间世次莫考。故列祖讳恒公为第二世。

——族谱刊于都中，丙子冬间，凡我族人有游宦他省及在家乡者，其新生男口名字家邮未及致，盖不谱载……盖未及载，容后纪——统勋谨识。

下面，我们还是回来说说山东日照刘氏中的一支在刘福的率领下又从山东日照搬了出来这件事情。因为，这一支正好是刘墉的祖先。

这次搬家开始的时间，根据山东日照刘氏族谱记载，是在明朝成化年间，也就是1465年到1487年间。也就是说，刘福率领山东日照刘氏中的一支在1465年到1487年间从山东日照搬离了家乡。

这次搬家完成的时间，根据山东诸城刘氏族谱中的记载，则是在明朝弘治年间，也就是1488年到1505年间。

有的读者会有这样的疑问：怎么搬个家还要如此费事，需要几十年？

其实不是这样的。根据我的考证，刘福率领山东日照刘氏中的一支搬家开始时间应该是在1487年，搬家完成时间应该是在1488年。1487年正好赶上明宪宗朱见深病死，明宪宗朱见深的儿子明孝宗朱祐樘即位，1488年明孝宗朱祐樘改元弘治。

因此，就出现了山东日照刘氏族谱记载的刘福率领山东日照刘氏中的一支在明朝成化年间搬离家乡、而山东诸城刘氏族谱记载的刘福在明朝弘治年间搬到山东诸城的事情。

这样刘墉的祖先在刘福的率领下就搬到了山东诸城逄戈庄（现属山东省高密市）居住了下来，称为诸城东武刘氏。

九、诸城东武刘氏——刘统勋、刘墉的直系先祖的繁衍之谜

刘福只有一个儿子叫刘恒。当时，由于战乱兵灾，刘家族谱被烧毁。从此，

族人对诸城以上刘氏家族的情况就不得而知了。

刘恒有三个儿子，长子叫刘玳，次子叫刘瑁，三子叫刘瑚。刘墉就是刘玳的后代。刘瑁和刘瑚的后代我们还没有考证出来。

刘玳也只有一个儿子叫刘思智。刘思智有两个儿子，长子叫刘通，次子叫刘远。刘墉就是刘通的后代。刘远的后代我们还没有考证出来。

刘通就是刘墉的高祖。刘通活着的时候已经是明朝末年了。在这个时候，他们家第一次转变了身份，此前这个家族就是世代务农，但是从刘通开始，他们家就开始识文断字了。刘通还考中过秀才，但是，世道变了，明清交替，他也就没有考举人、进士的机会了。清军入关的时候，由于清初的统治政策，对汉族的统治出现了一些问题，造成了很多汉人的不满意，很多汉族人造反，与满洲人对着干，多年的满、汉之间的战争，给我们大家留下最深刻印象的就是它的政策。哪个政策出现问题了？就是剃发令。我们从电视上可以看到，清朝人，他怎么留那么一个头发？这个头发有讲究的，我们汉族人接受的是儒家传统教育，叫“身体发肤，受之父母”，你不能剪的，这一辈子你这个头发就老得留着。

但是满洲人他接受的是另外一种教育，他这个头发是怎么讲的呢？我们可以看到他是前面没有、后面没有、左边没有、右边没有，就中间有，这个头发是有讲究的，代表八个大字“削平四夷，定鼎中原”，意思是满洲人要统治中国的意思。所以他已经统治中国了，所有的人都要按照剃发令的规定，每个人都得剃头发，所以这样就给我们留下了两句话，一个叫“留发不留头”，你要不想理发的话，你要不想“削平四夷”的话，那你人就死掉。或者就叫“留头不留发”，你要想留着脑袋，你就得“削平四夷”，要不然你人就死。我们俗话说的“剃头挑子一头热”，就是这么来的。清军入关的时候，有好多理发匠，见着汉人，只要是男的，按在那儿先给理发，可不是“剃头挑子一头热”吗？这个政策激起了汉人的反抗，两千多年了，我们讲，汉族人，他接受儒家传统教育，身体发肤受之父母，是不能损伤的，因为这个就激起了汉人的反抗，典型的比如说扬州、嘉定等地的反抗，很多很多事情。

当然了，刘墉他们家绝不在反抗者之列。清军一入关，那时候还是顺治皇帝，顺治皇帝的名字叫爱新觉罗·福临，顺治帝 1643 年继位，1644 年清军入关，刘墉他们家立即就归顺了，就成为了大清朝的顺民，从此以后好几代，刘墉他们这个家族就一直是大清朝的顺民。

第二讲 刘必显和刘棨

一、刘必显为官

刚才我们讲的是刘墉的高祖，现在我们讲刘墉的曾祖。

刘通有三个儿子，长子叫刘必显，次子叫刘必前，三子叫刘必大。刘必显就是刘墉的曾祖父。刘必前无嗣早卒；刘必大只有一个儿子叫刘香。刘香没有后代，后来由刘棨的二儿子刘绪煊过继给刘香。

诸城刘氏自始祖刘福到刘必显这一代，都默默无闻。大概就是因为担心族姓不兴，希望后人发达的缘故，诸城刘氏分别给后代取名叫“必显”“必大”。而历史的发展却正好印证了这一瑞兆，诸城刘氏传到这时候，果然崛起于世，迅速显赫起来。

刘墉的曾祖父叫刘必显。刘必显，字微之，号西水，为刘家第一个进士。生于明万历二十八年（1600 年），明朝天启四年（1624 年）中举，清顺治九年（1652 年）中进士，卒于清康熙三十一年（1692 年），享年 92 岁。

刘必显在世的时候，清军已经入关，基本确立了清朝在全国的统治。刘必显很快就参加了顺治皇帝在全国组织的科举考试。当时天下初定，还没有完全统一呢，顺治皇帝组织考试，刘墉的曾祖父刘必显就参加了考试，结果还不错，一举考中进士，成为诸城刘氏最早在科举上取得成功的人。

朝廷很高兴，毕竟有那么多的汉人臣服我了，听我的话了，赶紧把这些人派到各地区当官。刘必显就到地方做官去了，最终刘必显官至户部广西司员外郎。

下面我们来解释一下户部员外郎这个官职。

户部我们知道，隋初称度支部，后改称民部，唐初因避李世民之讳改称户部，为六部之一，掌管全国土地、户籍、赋税、财政收支等事务，最高长官为户部尚书，副长官为侍郎，部下分司办事。历代相沿不改。清末将民政部分出，改设民政部；财政部分出，改设度支部，户部之名遂废。

员外郎是一个什么官？员外郎原指设于正式名额以外的郎官。晋以后所称之员外郎指员外散骑侍郎（皇帝近侍官之一）。隋文帝开皇年间，于尚书省各司置员外郎 1 人，为各司之次官。唐宋沿置，与郎中通称郎官，皆为中央官吏中的要职。明清各部仍沿此制，以郎中、员外郎、主事为三级司官，得以递升。员外郎简称外郎或员外，通称副郎。清代除六部外，其他官署如理藩院、太仆寺、内务府均设员外郎。

员外郎是一个副职。清军刚刚入关时，满洲人对汉人不信任，所以呢，他的正官都是满洲人或者是蒙古人，汉人当上备选官员就很了不起了，所以刘墉的高祖父能当上这个官就已经是深得政府的信任了。

二、刘必显治家

刘必显的官位不算显赫，仅做到员外郎，但他为官清廉，正直有胆识。在他晚年，对后人立下家训：当官清廉、积德行善、官显莫夸、不立碑传、勤俭持家、丧事从简。他为后世晚辈的成才树立了典范。

刘必显十分崇尚教育。他认为："教家之道，千条万绪，非言语文字能罄述。然以身教者从，以言教者讼。教子之方，莫要于读书。必能读书乃能明理，能明理始能成器，始能保家，至进取成名。登科、发甲，固视乎命运。然其家三世读书而发始达者十居八九；若先世目不识丁，而其身崛起田间，至登甲、乙榜者，百中仅一二焉。”

良好的家教，使刘氏子孙不依赖父辈，树立了较强的自尊心和进取心，一个个成为学富五车的饱学之士，这使刘统勋、刘墉父子能先后被皇帝钦点任《四库全书》总裁、副总裁，统领上千人，编纂经、史、子、集一万多种，把中国古代的学术文化典籍，几乎饱览殆尽。

刘必显归乡后，常住槎河山庄（今属五莲县，刘家槎河一带）。刘统勋的兄弟们、刘统勋、刘墉父子多在此读书用功。爱屋及乌，他们对这个杜鹃花盛开、“月明星影窥窗际，夜静溪声到枕时”给他们人生打下良好基础的地方，感念至深。曾请当朝名家绘制了《槎河山庄图》，并请纪晓岚等众多名流题写咏吟诗篇，极一时之盛。

“清廉做官”，子孙们恪守了这一家训。

我们从1652年，刘墉的曾祖父刘必显考上进士，到1814年这一年，刘墉他们家重新修家谱，这中间是162年。162年间，刘墉他们家在大清朝考上进士的一共有11位，考中举人的一共有35位，两项合计是46位。在这162年间，刘家成年男丁加在一起不足90位，考中进士和中举的人数占男子总人数的比例超过50%！所以我要说这么一句，在山东诸城没有一家能跟刘墉他们家比，所以我说，归顺了大清朝以后的刘家，科举得意，为官也是越来越得意。

从刘必显的儿子开始，刘家的排行开始有了比较固定的顺序：依照木、火、土、金、水五行轮流排序。

刘必显有四个儿子，长子叫刘桢，次子叫刘果，三子叫刘棨，四子叫刘棐。刘棨就是刘墉的祖父。

刘必显的长子刘桢，字世卿，号石斋，贡生，考授从六品。刘桢有两个儿子，长子叫刘绍辉；次子叫刘绅灿，后来过继给了刘果。

刘必显的次子刘果、三子刘棨。关于他们的情况，我们后面再介绍。

刘必显的四子刘棨有三个儿子，长子叫刘继，次子叫刘绪煊，三子叫刘缵煌。刘绪煊过继给刘必大的儿子刘香。

三、刘果为官

刘果是刘必显的次子，字毅卿，号木斋，顺治十一年（1654 年）中举，顺治十六年（1659 年）中进士，康熙六年（1667 年）授山西太原府推官。

推官是一个官名。唐代在节度使、观察使下置推官，掌勘问刑狱。元明于各府亦置推官。清初犹沿置，后废。

所谓节度使，唐代始置。因授职时，由朝廷赐给旌节，可以节制辖区之军政，故有是称。唐初沿北周、隋旧制，于边境诸州设总管，后改称“都督”，以总揽数州军事。高宗永徽以后，都督有带“使持节”衔者，实际上已为“节度使”。景云二年（711 年），贺拔延嗣为凉州都督充河西节度使，始有节度使的称号。玄宗天宝初，沿边有九节度使，一经略使。授职时赐给双旌双节，总揽一区的军、民、财政。所辖区内之各州刺史（郡守）均为其下属，本身并兼任驻在州之刺史。安史之乱后，战将有功者多授此职。节度使遍设于内地，领州多至十余，少亦不下三四，割据独立，世称藩镇。五代时更为冗滥，专横至极。北宋初，赵匡胤加强皇权，藩镇事务仍归本州。自此，节度使成为将军大臣和宗室勋戚的优宠职位，并不赴任。辽金沿置，元废。

所谓观察使，唐乾元元年（758 年），改采访处置使为观察处置使，掌考察州县官吏政绩，后兼理民事，辖一道或数州。凡不设节度使者即以观察使为一道的行政长官；设节度使之处，亦兼观察使。至宋代，其职掌并于“提点刑狱公事”和“转运使”，观察使一职成为武将升迁时兼带的虚衔。元代废。

康熙六年（1667 年），刘果旋被改补直隶河间县知县。

所谓知县，也是一个官名。唐称佐官代理县令为知县事。宋初用京官知县事，管理一县的行政，有戍兵驻县的，更兼管兵事。因本非县令而管县，故称“知某县事”，简称知县。明代始正式用为一县长官的名称。清代相沿不革。

康熙八年（1669年），刘果为刑部江南司主事。

所谓刑部，汉代置二千石曹掌刑狱，三公曹掌决案。魏晋以后有都官、比部各曹。隋初设都官尚书，统都官、刑部、比部、司门各侍郎，后改都官尚书为刑部尚书，列为六部之一，掌管国家的法律、刑狱等事。长官为刑部尚书，副长官为侍郎，历代相沿不改。唯唐天宝年间一度改称宪部，旋复旧称，清末改为法部。

所谓主事，北魏置尚书主事令史，为令史中之首领。隋称主事，本为雇员性质，不在正规职官之内。金、元以后始用士人，明代遂定为各部司官中之最低一级。清沿之，士人考中进士后分部办事，须先补为主事，然后递升员外郎、郎中，官阶为正六品。其他官署如内务府、理藩院亦设有主事。北洋军阀统治时期仍于国务院秘书厅、各部及驻外使馆中设主事，为委任职。

康熙十二年（1673年），刘果升四川司员外郎。

康熙十八年（1679年），刘果升江南提学道。

所谓提学道，宋崇宁二年（1103年），在各路设提举学事司，管理所属州县学校和教育行政，简称提学。金有“提举学校官”，元有“儒学提举司”，都属同一性质。明初设“儒学提举司”，正统元年（1436年），始设提督学政。两京以御史、十三布政司以按察司佥事充任，称为“提学道”。清初相沿，各省多设“督学道”。雍正四年（1726年），改称“提督学院”，长官称“提督某省学政”，简称“学政”。清末改设“提学史”。

刘果晚年官至刑部郎中，曾为清律的编撰作出过重要的贡献。

所谓郎，古代对帝王侍从官的通称。“郎”即古“廊”字，指宫廷走廊。郎官的职责原为护卫陪从，随时建议、备顾问及差遣，战国已有之，秦汉沿置。有议郎、中郎、侍郎、郎中等，员额无定，多至千人。均属于郎中令（后改为光禄勋）。东汉以尚书台为实际的行政中枢，其分曹任事者为尚书郎，职责范围与过去的郎官不同。后世遂以侍郎、郎中、员外郎为各部要职。

所谓郎中，官名，始于战国。汉代沿置，管理车、骑、门户，并内充侍卫，外从作战。初分为车郎、户郎、骑郎三类，长官有车户骑三将，其后渐废除。晋至南北朝，为尚书曹司的长官。自隋唐至清，各部皆沿置郎中，分掌各司事务，为尚书、侍郎、丞以下的高级部员。

此外，还有郎中令一职。始置于秦，汉初沿置，为皇帝左右亲近的高级官职。所属有大夫、郎、谒者及期门、羽林宿卫官。掌守卫宫殿门户。武帝太初元年（公元前104年）改名“光禄勋”。

刘果早年无子，于是过继自己哥哥刘桢的次子刘绅灿为自己的儿子。也是巧合，后来刘果在过继刘绅灿后又连续添了两个儿子：即次子刘纶炳，三子刘綖爆。

四、刘棨为官

1. 从长沙县知县到宁羌州知州

刘棨是刘必显的三子。棨（qǐ），棨是古代用木头制作的一种通行证，略如戟形。在这里，棨是畅通无阻的意思。

刘棨，出生于1657年，字戣子，号青岑。康熙十四年（1675年）18岁中举，十年后中进士。康熙三十四年（1695年）任湖南长沙县知县。康熙三十七年（1698年）擢陕西宁羌州知州。

刘棨在任陕西宁羌州（今陕西省汉中市宁强县一带）时有一段动人的故事。康熙三十七年（1698年），刘棨由湖南长沙知县升任陕西宁羌州知州。就在这个时候，恰逢关中大旱，荒年歉收。刘棨上任途中，只见逃荒要饭者成群结队，百姓面黄肌瘦，衣不遮体，饿死者新坟四处可见。触景生情，不觉吟出“迢迢车马奔长安，满目凄凉不忍观，十里路逢千百家，家家哭声不一般”。面对百姓的困苦和官府的束手无策，他心中非常不安。

不幸的是，他上任的地方，也连年歉收，州府已无粮可赈，灾民度日如年。“无论如何不能再饿死人，先向附近无灾区借粮。”宁羌北依秦岭，南枕巴山，层峦叠嶂，沟壑纵横，难于运输。刘棨发动饥民，凡运一斗者给三升，不十日，就运粮三千石。在发放赈粮时，他对知县说："此粮是借粮，倘若秋收后百姓不能还，我得变卖家产还上。"由于措施及时得力，救灾工作进展很快，使很多饥民得以存活，灾情得以缓解。

宁羌州地区土地非常瘠薄，百姓收入很低，贫苦农民很多。一旦遇上灾年，多数百姓都吃不上饭，根本没有能力交纳国家的赋税，更谈不上归还借粮。因此，州中没有能力交纳国家赋税和借粮的困难户很多。刘棨深知老百姓的困难，就写了封家信，叫四弟刘棐把家中的地快快卖掉，立即把钱送到宁羌。

刘棐接到兄长的家信，知道兄长在任上为老百姓卖地付债，心情很急。他知道，兄长家的地产并不多，就是全卖了，也解决不了众多百姓欠国库的债款。经过反复考虑，他为了支持兄长的正义事业，就把自己的土地也卖了一些，把两家的卖地钱，一同寄到了宁羌州署。

刘棨、刘棐兄弟二人变卖家产为州中百姓偿债的消息，不胫而走，在百姓中传遍，特别是那些吃到粮食而能存活下来的人，更是感动得热泪盈眶。

州中稍富裕的人纷纷捐钱，要知州刘棨赎回家产。刘棨说，"我既食皇上俸禄，理应尽职尽责，看到大灾之年存活下来的人，吾心足矣，岂敢再有他求"。有人关心地问道，那你的子孙后代怎么生活？刘棨说，"子孙强似我，要地待如何；子孙不如我，要地待如何"。

众人不甚理解，问："大人，这是什么意思？"刘棨说，"子孙比我强，知书达理，光明正大，当好官，吃国家俸禄，要地如何？子孙不如我，贪赃枉法，罢官抄家，要地又如何？为了子孙更好地生活，把许多地产留给他，养成好逸恶劳之恶习，不能自力更生，甚至不务正业，地产再多也守不住。教育后人自力更生，奋发创业，不依靠祖上的遗产过日子，这才是长久之计"。众人无不佩服其高瞻远瞩，更为其宽阔的胸怀和大仁大义所感动。

为提高当地百姓的收入，刘棨多次翻山越岭，现场实地调查。他发现当地的山上生长着很多柞树，根据老家山东的经验，叶子可以养柞蚕。他马上从山东老家聘请了许多养柞蚕能手，带着蚕种到宁羌，教老百姓养蚕。几年后，养蚕户越来越多，他又教百姓抽丝织绸来发家致富。百姓为感念这位父母官，就把织成的绸子命名为“刘公绸”。也就是说，陕西的柞蚕，最早就是刘棨介绍去的。

刘棨多年以德治吏，一方面严守祖训，言传身教，为儿孙树立了榜样；另一方面，也隐隐昭示了儿孙将有所作为的内在原因。

2. 从宁夏中路同知到四川布政使

刘棨在康熙四十一年（1702 年）升宁夏中路同知。后补湖南长沙府同知。康熙四十九年（1710 年）任天津道副使。一次在迎驾时，诏许从官恭瞻。因奏其兄刘果在河间县任知县时受到“清廉爱民”褒奖的事，并顺便请求康熙皇帝赐书。康熙皇帝十分高兴地赐写了“清爱堂”这三个字。从此，御赐“清爱堂”便成为了刘墉家族的堂号。

康熙四十八年（1709 年），九卿应诏举廉能吏员，以知府被举者，唯刘棨与陈鹏年二人。美国人 A·W·恒幕义主编的《清代名人传略》称其是当时以清廉闻名的几位官员之一，声望与陈鹏年同埒。

刘棨在 1713 年的时候，担任了四川布政使，直到 1718 年病死于任上。

四川就是今天的四川省。

行省，全称叫作行中书省，简称为省。行省为中央派出的高级机构，以后成为地方行政区域名称。南宋、金时已有行省之称。《金史·百官志》说：“熙宗天会十五年，罢刘豫，置行台尚书省于汴。”行台即行省。元代中央最高行政机关为中书省，又于全国设多个行中书省，另划今河北、山东、山西一带直属中书省，称为“腹里”。行中书省管理路、府、州、县的行政，简称行省。长官有丞相、平章、左右丞、参知政事等，权力很大。明初加强中央集权，撤销行中书省，改设承宣布政使司，而习惯上仍称行省。清初增为 18 个行省，后又增为 22 个行省。

明洪武九年（1376 年）撤销行中书省，以后陆续分为十三个承宣布政使司，全国府、州、县分属之，每司设左、右布政使各 1 人，与按察使同为一省的行政长官。宣德以后因军事需要，专设总督、巡抚等官，都较布政使为高。清代始正式定布政使为督、抚的属官，专管一省的财赋和人事，与专管刑名的按察使并称两司。康熙六年（1667 年）后，每省设布政使一员，不分左右，均为从二品。但江苏设有两布政使，一在江宁，辖江、淮、扬、徐、通、海六府州；一在苏州，辖苏、松、常、镇、太五府州。

布政使，指的是主管户口、主管钱粮的，管老百姓，管税收的官，就相当于今天我们所说的省长。

3．刘棨的儿子

刘棨是刘必显的第三个儿子。刘棨本人则有十个儿子，长子叫刘缙照，次子叫刘纮熙，三子叫刘绶烺（烺，Lǎng，明朗的意思），四子叫刘綎煜，五子叫刘统勋，六子叫刘组焕，七子叫刘维焯，八子叫刘纯炜，九子叫刘绂焜（焜，Kūn，明亮的意思），十子叫刘经焘。

第三讲 刘统勋的崛起——与张廷玉等权臣集团的斗争之谜

刘棨有十个儿子。他的第五个儿子刘统勋有两个儿子，长子叫刘墉，次子叫刘堪。

提起刘墉的父亲刘统勋，相信很多读者都是从电视连续剧《天下粮仓》《大清官》里面了解到的。历史上乾隆年间的粮食问题究竟是怎么造成的呢？

一、历史上的粮食问题

乾隆年间的粮食问题其实是人为的，它的直接责任者应该是乾隆皇帝本人。

乾隆初年，乾隆皇帝出于备荒考虑，决定拿出银两采购粮食以充实国家粮库。他当时甚至采取了禁止以粮造酒、落榜生员可用银子买秀才等措施，但囤粮的效果并不理想，10 年左右时间不过为国家粮库增加了 600 多万担粮食。

相反，由于他忽视了粮食流通这一最基本的规律，使得地方粮价高涨，造成饥民抢粮、抗租抗粮事件时有发生。

他后来只得放宽了粮食政策，粮食危机才渐渐平息下来。刘统勋与乾隆初年的粮食案其实没有多大的关系。电视剧《天下粮仓》把这笔老账算到了一些贪官头上，也是剧情需要。

其实那个时候的贪官还不是很多，原因有以下两点：

第一，因为此前的雍正皇帝下手狠，已经杀掉了很多贪官，这令很多官员只能是夹着尾巴做官，哪里敢贪污呀。

第二，乾隆皇帝刚刚即位不久，很多官员还在察言观色、等待时机。大清朝的皇帝，有上任就杀掉一批前朝重臣，以便确立自己皇帝权威的传统，所以就连当时的清官都怕被砍头，更别提贪官了。如康熙皇帝擒拿鳌拜，雍正皇帝杀掉年羹尧，嘉庆皇帝杀掉和珅等。

二、刘统勋不断升迁之谜

刘墉的父亲刘统勋，他的官可是越当越好。在刘墉他们家族中应该说从官位上讲，从皇帝的信任上讲，能够得到皇帝如此的器重和信任，可以说是从未有过的。那刘墉的父亲当了一个什么官呢？当上了三个部的尚书，工部尚书、刑部尚书、吏部尚书。还担任了两个官职，一个官职叫东阁大学士，还有一个官职叫军机大臣，还担任了一个官职叫翰林院的掌院学士。

这都是刘墉的父亲当的官，咱们先说简单的三部尚书。工部相当于咱们今天的建设部，工部尚书相当于建设部部长。刑部尚书，相当于今天的公检法三个机构的最高领导人，最高首领。吏部尚书，说起大清朝，就这个吏部最有意思，吏部下面有四个机构，有四个司，这四个司被老百姓统称什么呢？叫喜、怒、哀、乐四司，它原本的名字不叫这个，但是他们一出手就分别是喜怒哀乐。

比如我们先说这个“喜”。“喜”这个司是什么呢？它叫文选清吏司，管官员的选拔，管官员的任命，这缺了一个官，让你去吧，所以文选清吏司一出章，人人都高兴，选上我就高兴，这就是“喜”。

还有一个司叫“怒”。“怒”这个司，它的名字叫考功清吏司。每年官员都得考核，一考核就有人被淘汰，就有人受处分，所以这个司叫“怒”。

还有一个司叫“哀”。主管丁忧，是稽勋清吏司。你当得好好的官，结果你的父母死了，你回家歇着吧，这三年不许为官了。所以它一给你去信，那您就该回家了，所以你就得哭，这就是“哀”。

还有一个司是管“乐”。“乐”这个司，它的机构叫验封清吏司。什么意思呢？如果说这个官员死了，就会出现给你们家多少补贴、抚恤金，还有，这个官员死后，他的儿子可以直接当官，用科举考试吗？不用。看你官位的大小，你不用考试可以直接当官，所以验封清吏司这个机构就是管发钱的，管按印的。

刘统勋还当了翰林院的掌院学士。翰林院是从唐朝开始的，开始设翰林院，翰林院设学士，翰林院的人叫翰林学士，主要任务是帮助皇帝办公。这是他担任的一个官职。

此外他还担任了一个官职，叫东阁大学士，这个大学士也是从唐朝出现的。唐朝中期设置大学士，最早的大学士是宰相统领，后来到明清时期，大学士开始掌握替皇帝起草诏令、批答奏章，所以大学士是非常重要的一个官职。到清朝的时候，置三殿三阁（保和殿、武英殿、文华殿、体仁阁、文渊阁、东阁）大学士，又置协办大学士。汉人一般非翰林出身不授大学士之职。

我们可以看到，到了刘墉的父亲刘统勋的时候，应该说刘家受到的重视可是异乎寻常了。刘统勋做了哪些工作，使得乾隆如此重视他呢？这还要从张廷玉说起。

三、张廷玉的崛起

1. 张廷玉的家庭

张廷玉的父亲是康熙皇帝在位时期的文华殿大学士兼礼部尚书张英。张英，祖籍江西鄱阳。明朝初年的时候，张英的先祖搬到了安徽桐城居住，因此我们也可以说，张英是安徽桐城人。

张英出生于1637年。1667年，张英中进士。此后他历任工部尚书、礼部尚书、文华殿大学士。1701年致仕归里，1708年病逝于桐城，享年72岁，赐谥文端；雍正帝即位，赠太子太傅；乾隆初年，又复加赠太傅。

张英为学以朱子本义为宗，立论坦易明白，不务艰深，曾任《大清一统志》《渊鉴类函》《政治典训》《平定朔漠方略》总裁官。著有《笃素堂文集》等。

张英为官清正谨严，一生深受康熙宠信，康熙称他“始终敬慎，有古大臣风”；为人又极谦和，遇同僚善气导迎，未尝有迕，家居则乡邻以至仆隶“常得其和……无所寄怨”。有名的“六尺巷”故事就源于张英。

说起张廷玉家的“六尺巷”，这里还有一个很有名的故事。此巷位于桐城文庙西南不远的西后街，巷南原为张英府（旧称宰相府），巷北为吴氏宅。巷长100米，宽2米。话说张英在京担任文华殿大学士兼礼部尚书的时候，邻居吴氏欲侵占他老家的宅边地，家人驰书北京，要张英凭官威压一压吴氏气焰。谁知张英却回诗一首曰：“一纸书来只为墙，让他三尺又何妨。长城万里今犹在，不见当年秦始皇。”意思很明白：退让。家人得诗，主动退让三尺。吴氏闻之，受到感动也后撤三尺，于是形成了今天著名的“六尺巷”。古人说“宰相肚里能撑船”，此诗可做佐证。不与人计较斤两得失，大度处之。因此，“六尺巷”的故事至今仍传为美谈。

据说1956年中苏两国出现分歧，毛泽东接见苏联驻华大使尤金时，还曾吟咏此诗。如今在六尺巷立有两座刻有“礼让”和“懿德流芳”的牌坊。行走于六尺巷间，感觉有一种别样的清凉雅静，仿佛灵魂受到一次洗礼。试想以首辅之尊礼让三尺，恐怕不光吴氏深为感动，就连天下人也都要为之感动了。桐城人在这样一种礼让之风里生活，真是够幸福的了。

张英在桐城城郊两条小河交汇处建“双溪草堂”，书斋门联为“俭勤自是持家本，和顺端为受福基”。他强调“俭勤”“和顺”。这也是中国古来的美德。康熙皇帝也给双溪草堂题了一联：“白鸟忘机，看天外云舒云卷。青山不老，任庭前花落花开。”这倒也说出张家一门淡泊的、致远的、少与人争的处世哲学。张英、张廷玉父子看完荷花，在荷亭共撰一联曰：“白藕入泥，斜插玉簪通地理。红莲出水，倒悬朱笔点天文。”务实，勤勉，志在高处。

所以，“六尺巷”现在成了名胜古迹，也使世人从中学到东西。如果当年张英以官势压人，也就没有今天的六尺巷了。

张英的长子张廷瓒和三子张廷璐是康熙年间的进士。张英的五子张廷瑑是雍正年间的进士。因此在桐城当地几百年来就有“父子宰相府”“五里四进士”“隔河两状元”的说法。

张廷瓒（1655 ~ 1702 年），字卣臣，号随斋，张英的长子。1678 年中举人，1679 年赴会试中二甲二名进士，授翰林院编修，任日讲起居注官、詹事府少詹事兼翰林院侍讲学士，入值南书房。1687 年奉命主持山东乡试，秉公取士，慧眼选才，朝野俱称。后随康熙皇帝三征绝漠，备受恩宠。但不幸先于张英而卒，朝野上下均为惋惜，所著《传恭堂诗集》存世。

张廷璐（1675 ~ 1745 年），字宝臣，号药斋，张英第三子。1702 年应乡试列副贡；1713 年再应乡试中举；1718 年赴会试中一甲第二名（榜眼）进士，授翰林院编修，入值南书房，迁侍讲学士。1723 年，出督河南学政，因吴试事坐落职；旋即又重新授为国子侍讲，擢国子祭酒，迁詹事府少詹事；1729 年，擢江苏学政；1732 年，典浙江乡试；1733 年，擢礼部侍郎，再督江苏学政。1744 年，主持江西乡试，后辞职还乡，被称颂为“三朝旧臣，后进楷模”；1745 年，病逝于桐城。一生好学，诗宗唐名家、文法宋诸子，有《咏花轩制义》《咏花轩诗集》传世。

张廷瑑（1681 ~ 1764 年），字桓臣，号思斋，张英第五子。雍正元年（1723 年）恩科会试，获二甲十五名进士，授编修，历迁至侍讲学士，充日讲起居注官，晋詹事府詹事。1736 年，迁工部右侍郎，充会试副考官，仍兼日讲起居注官；1740 年，视学江苏；1744 年，改补内阁学士兼礼部侍郎，典江西试，回京后即因病辞职告归。家居二十年，自奉俭薄，粗食布衣，再未出为官。1764 年，病逝于桐城。

2. 康熙年间的张廷玉：开始崛起

张廷玉，字衡臣，号研斋，安徽桐城人。1672 年生于北京。是大学士张英的第二个儿子。幼承家教，并相继受业于同乡倪伯醇和宜兴唐起栽等先生。10 岁能诵《尚书》。16 岁回乡应童子试，被拔置县学第六名。17 岁结婚。1697 年抵京参加会试，因父奉命为总裁官而回避不与试。

1700 年，张廷玉中进士。张廷玉被选授为翰林院庶吉士，1703 年，授翰林院检讨。同年任《亲征平定朔北方略》纂修官。1704 年，侍值南书房，后又任日讲起居注官。

1705 年以后，张廷玉多次随从康熙南巡阅视河工、出外避暑及巡行蒙古诸部落等，“抱书珥笔”，与康熙相去咫尺。

1712 年，张廷玉授司经局洗马，掌管局事兼翰林院修撰。所谓司经局洗马，也叫太子洗马。根据《汉书·百官公卿表》记载：太子太傅、少傅的属官有洗马之官，颜师古注引张晏说：“洗马原十六人，秩比谒者”，又引如谆注：“前驱也，《国语》曰：勾践为夫差先马，先或作‘洗’也。”后世皆称洗马。“洗马”即在马前驰驱之意，为太子的侍从官。梁代以洗马隶属典经局。隋唐于司经局置洗马，一变而为掌管书籍的官，直至清代均沿设。清代司经局所设之洗马，满汉各 1 人，从五品。

1716 年，张廷玉授内阁学士兼礼部侍郎。1719 年，张廷玉受命领修《骈字类编》，历 7 年而书成。1720 年夏，授刑部右侍郎，任后“殚心竭力，务求平允，不敢一事疏忽”，“每有重案，必披情愫以商榷”。1721 年，山东盐贩王美公等聚众行不法之事，招集人数甚多，巡抚李树德下令捕缉，被捕者 150 多人。奏到之日，康熙命张廷玉同都统托赖、学士登德前往济南，会同抚镇严审治罪。1721 年春，张廷玉等奉命出都。张廷玉“私心惴惴，几废寝食，以不称任使为惧。且同事二公皆为初交，未曾共事，恐有意见参差猜疑掣肘之患，一路同行，以诚信结之，渐知张廷玉之心迹矣。抵东后，穷日夜之力检阅卷案，因于大庭广众谓同事诸公曰，‘此盗案非叛案也’”。即一一研究，做盗案归结，戮为首者 7 人，戍 35 人，无辜牵连者释放。1721 年夏，张廷玉授吏部左侍郎。

3. 雍正年间的张廷玉：尽显辉煌

1722 年，雍正皇帝即位，张廷玉受命协同掌院学士阿克敦、励廷仪办理翰林院文章之事。不久升任礼部尚书，充《圣祖仁皇帝实录》副总裁官。

雍正皇帝说 ：“汝世受国恩，又系皇考多年侍从之旧臣，当年圣德神功，无不亲知灼见，今膺纂修实录之任，纪载详确，惟汝是赖。”

雍正元年（1723 年），张廷玉复命值南书房，与朱轼、徐元梦、嵇曾筠为诸皇子师傅。这年四月，张廷玉为顺天乡试副考官。此时张廷玉子弟数人及长婿姚孔在京乡试，张廷玉奏请一体回避。雍正嘉其公慎，加太子太保。这年秋天，张廷玉兼管翰林院掌学院学士，又调户部尚书。这年冬天，殿试，开列读卷官，张廷玉以子弟应试不列名，雍正皇帝不允，仍著读卷。张廷玉遂与诸大臣秉公校阅，取定甲乙，照例将前 10 卷进呈御览。雍正皇帝阅至第五卷，大为嘉赏并要拔置一甲。张廷玉以该卷为弟张廷珩卷恳辞不可，雍正皇帝点头命置二甲第一。次日授张廷珩翰林院检讨，入值南书房。该科张廷珩、张若涵被授为庶吉士。一门三人同科入选，相传为科举未有之盛事。同月，张廷玉任四朝国史总裁官。

1724 年春，张廷玉条奏江西、浙江等省“棚民”事。略言：浙江衢州军府、江西广信等府与福建连界，江西赣州等府又与广东连界。福建、广东无籍与流移失业者，入山垦种，搭棚居住，人数日多，其强悍者，辄出剽掠。请敕江浙督抚查明情况严加约束，秉公拣选才能操守兼优之员，保题补授，并取具五家连环互结及严行保甲之法，不时稽查，以维护治安。雍正皇帝阅后，下督抚议行。五月张廷玉为《大清会典》总裁官。

1725 年春，张廷玉任《圣祖仁皇帝治河方略》总裁官。不久，雍正皇帝躬耕籍田，张廷玉以大司农从耕。

1726 年，张廷玉实授文渊阁大学士兼理户部尚书、翰林院掌院学士事务。是年 3 月，充《圣祖仁皇帝实录》总裁官。

1727 年，张廷玉晋文华殿大学士。雍正皇帝谓其“身兼数职，夙夜在公”。

1728 年春，张廷玉晋保和殿大学士。不久张廷玉又兼管吏部尚书事务。

1729 年，张廷玉加少保衔。

1730 年，因西北用兵，雍正皇帝命设军机房，以怡亲王允祥、张廷玉和大学士蒋廷锡领其事。后改称办理军机处。张廷玉定规制 ：诸臣陈奏，常事用疏，自通政司上，下内阁拟旨 ；要事用折，自奏事处上，下军机处拟旨，亲御笔批发。从此内阁权移至军机处，大学士必任军机大臣才能参预政事，每日奉召入对承旨，平章政事，参与机密。

1733 年春殿试，张廷玉之子张若霭卷获一甲第三，张廷玉固辞不允。雍正皇帝闲论旧事时说："大学士张廷玉，侍朕左右，敬慎小心，十一年如一日，其为人外和平而内方正，足办国家大事。"

1735 年秋，雍正皇帝病危，张廷玉与庄亲王允禄、大学士鄂尔泰等同为顾命大臣。遗诏他日以张廷玉配享太庙。

4. 张廷玉成功之谜

张廷玉在康雍两朝仕途可谓一帆风顺，康雍二帝对其恩宠有加，尤其是雍正皇帝更是将其视为股肱。据记载，某次张廷玉病愈上朝，雍正谕其曰："朕前日向近侍曰：'朕连日臂痛，汝等知之乎？'近侍惊问原因，朕曰：'大学士张廷玉患病，非朕臂痛而何？'"可见其受宠的程度！

张廷玉在康雍两朝获宠是由于他具备他人所难以企及的素质和能力。

第一，文思敏捷，主事干练。

张廷玉自 1704 年入值南书房，充日讲起居注官，直至乾隆皇帝在位初期，遵旨缮写上谕皆能详达帝意。尤其是在康熙驾崩雍正守丧期间的特殊时期，朝中政局不稳，稍有不慎就可能酿成祸患。此时张廷玉每日奉旨入宫缮写谕旨，雍正口授后片刻，张廷玉即可拟就，每日十数次从未出过差错，其文思之敏捷实非他人所及，事后雍正曾就此对其大加赞扬。张廷玉的记忆力亦非他人所及，某次雍正向其询问各部院大臣司员胥吏的姓名，张廷玉奏对各人姓名、籍贯及科目，无一差错。雍正初年，清廷对准噶尔大举用兵，值此军兴羽檄交驰之际，张廷玉兼领皆为要职，每日都有百数十人抱牍案环立于旁等待批答，甚至是坐在肩舆之中，张廷玉也不停地处理文书。虽然事务繁忙如此，但张廷玉没有使一件事出错或耽搁。对其办事能力，雍正皇帝赞道："尔一日所办，在他人十日所不能也。"

第二，清廉谨慎，乐善好施。

张廷玉身居要职数十年，始终保持清、忠、和、厚的品质，他和共事的僚友大多都能平心接待，对他们多所容纳。凡是别人馈送之礼，价值超过百金则严词拒绝。康雍乾三帝曾先后赐给张廷玉白银近万两，他将此银两或用于激励士子发奋学习，或将其寄回家乡购置公田以资助乡里的穷困者和灾民。1698 年秋，桐城发生水灾，张廷玉在其父张英的支持下在家乡设立粥场赈济灾民。1735 年春至 1737 年夏，张廷玉用雍正皇帝所赐白银近五千两在桐城东门外建石桥一座，大大方便了过往的商旅行人，从而得到乡人的称赞，此桥亦被人称为“良弼桥”。1740 年春，张廷玉闻知桐城一带歉收，米价暴涨，便寄信回家，令家人捐谷一千石以救济贫民。张廷玉平日生活无声色之嗜，一生遵循其父“读不尽架上古书，却要时时努力”的教诲，每日处理完公事归家后便手持典籍，青灯古卷，独处一室细心阅读，旁若无人。

第三，正直勤勉，缄默持重。

张廷玉在为官的大部分时间内都做到了勤勉持重，为官正直，这也是他能长期周旋于君臣之间的一个重要原因。康熙末年，吏治松弛、铨政不清，张廷玉时任吏部左侍郎，坚决摒除请托行贿之风，并顶住各方压力严惩了吏部舞文弄法的蠹吏“张老虎”，被时人称为“伏虎侍郎”。雍正年间他无日不蒙召对，每有所建议便口奏或具折上奏，请皇帝颁旨宣播于外，从不留片稿于私室，也不让家人子弟得知。他很少交结外官，在朝中为官多年“无一字与督抚外吏接”，即使是经他推荐而受擢用之人也始终不让当事人得知。同时，张廷玉对自己的子弟要求亦十分严格，1733 年其长子张若霭参加廷试高中一甲三名探花，张廷玉闻知以“天下人才众多，三年大比莫不望鼎甲，官宦之子不应占天下寒士之先”为由，恳请将其子列为二甲，雍正从其请将张若霭改为二甲一名。

5．张廷玉修纂《明史》

张廷玉负责修纂的《明史》是二十四史的最后一部正史史书，也是我国历史上官修史书中修纂时间最长的一部。

如果从 1645 年开设明史馆起，到 1739 年正式由史官向皇帝进呈，前后历时 94 年。假如从 1679 年正式组织班子编写起至呈稿止，为时也有整整 60 年之久。

为什么这部史书前后费时这样久呢？主要是因为当时政治上不稳定。

顺治年间，虽已开馆，但当时清朝和南明残余势力的战争尚未终止，一方面，在战乱时期，史料缺乏，实录不全，献书者极少；另一方面，此时负责编史的大臣主要是洪承畴、范文程和冯铨。洪承畴、范文程为明降臣，有许多顾虑，对万历以后明清关系如何处理，实属棘手，迟迟不敢下笔。冯铨则为明朝臭名昭著的阉党，其言行多为士大夫所不齿。因此当时修史得不到士人的支持。延至康熙年间，又出现了吴三桂等三藩之乱，再一次牵延时日。

真正动手修史，是1679年以后的事。康熙年间修《明史》者，可谓人才济济。有当时的著名文学家朱彝尊、尤侗和毛奇龄等人。但出力最多的是清初著名史家万斯同。这里，应当得起我国史学上的一段公案。原来，明清之际，有一些明朝遗臣和反清志士十分重视明史的研究。杰出思想家黄宗羲曾编《明文海》四百多卷；顾炎武也辑存有关明朝史料一两千卷。清朝统治者入关后，为笼络明朝遗臣、社会名流，曾有意开博学鸿词科。黄、顾等人虽坚持不肯与清廷合作，但为了保存明朝真实史迹的目的，仍派出了得力助手参与明史的编纂。黄宗羲的得意弟子万斯同，便是当时被委派参加明史的编撰人之一。黄宗羲的儿子、顾炎武的外甥，也都参与其事。这样，就相应地保证了明史的质量。万斯同是一位出色的史学家。清初著名学者钱大昕曾评论他“专意古学，博通诸史”，熟于明朝掌故，对自洪武至天启的“实录”，皆“能暗诵”，了如指掌。他先后编写和审定两种明史稿。各有三百和四百多卷。因此，可以说，《明史》的初稿，在万斯同时代已基本上完成了。万斯同死后，任《明史》总编的王鸿绪，把万氏的明史稿进行了改编，于康熙末年和雍正初年两次向皇帝进呈，这便是王氏《明史稿》本。王氏此举曾引起当时和后来文坛的非议和责难，史学家们一致认为王鸿绪实际上是掠夺了数十年来以万斯同等人为主力的几十个学者的劳动成果，属于剽窃行为。

到1723年至1739年，清政府又第三次组织人手修改《明史》稿，这才形成定稿的《明史》。因为这次修书总裁为张廷玉，因此现在通行的《明史》题为张廷玉等撰。

经过三次改稿、费时几十年、张廷玉负责修纂的《明史》的确有不少长处。

首先，它体例严谨，叙事清晰，文字简明，编排得当。史评家赵翼在《廿二史札记》中，曾将辽、宋、金、元诸史和《明史》做了比较，认为“未有如《明史》之完善者”。

其次，《明史》的史料较为丰富。当时可资的第一手史料很多，除一套完整的明朝各帝“实录”而外，尚有邸报、方志、文集和大量私家史乘。朱彝尊修史时《上总裁第二书》中说，仅各地的方志藏于国家图书馆者，即达三千余册之多。此外，如明人王世贞著述的《锦衣志》《中官考》等，都对明朝特务统治和宦官之弊做了系统介绍。这些，都使明史的修撰者们较之各朝修官史者有得天独厚的有利条件。

再次，《明史》有些地方持论公允，也能秉直书写。如对袁崇焕被清太宗设反间计杀害一事，以及熊廷弼的功罪问题的记载，都很有参考价值。

最后，《明史》在体例上有新的创造，在列传中专列了“阉党”、“流贼”和“土司”三目。宦官专政为明朝的重大问题，《阉党传》记载了王振、刘瑾、魏忠贤等宦官党羽祸国殃民的罪行。《明史》的作者们对李自成、张献忠等农民起义领袖抱敌对和仇视的态度，在为他们立传的同时又诬之为“流贼”。这是作者的阶级立场所决定的，目的是为统治者总结经验：“至于亡明，剿抚之失，足为炯鉴。”但客观上为后人保存了明末农民战争的某些可靠史料。《土司传》专写西南少数民族的情况，分湖广、四川、云南、贵州、广西五个土司传。这些传，虽坚持民族压迫的立场，对少数民族有许多污蔑之词，但其中保存了大量少数民族的重要资料。今日国内少数民族的历史，大半可以追溯到明朝初年。此外，《明史》其他部分篇章，也为后人保存了不少可贵的史料，如《刑法志》中对明代特务机构厂卫的叙述等，都有助于后人对这段历史的考察研究。

张廷玉负责修纂的《明史》也有明显的缺点。

首先，它对纲常名教的宣扬和对农民起义的仇视，都达到极露骨的地步，比其他史书更为突出。其中许多诬蔑农民战争的失实之处，已有不少史家为之辨证。

其次，由于清朝实行文禁政策，《明史》的作者常常不得不用曲笔，尤其对清朝的兴起和南明的事迹，记事偏于笼统晦昧，有的地方甚至歪曲捏造。例如故意隐讳建州女真对明朝的从属关系，以及掩盖东南人民抗清斗争事迹等。

6. 陷入党争的张廷玉

雍正驾崩之前，遗诏庄亲王允禄、果亲王允礼和大学士鄂尔泰、张廷玉四人辅政。允礼于1738年病逝；允禄于1739年以谋反被削爵，失去了权势；辅政四大臣就只剩下鄂尔泰和张廷玉二人。

鄂尔泰是满洲镶蓝旗人，当雍正皇帝还未即帝位时，曾向鄂尔泰索取财物，遭到拒绝，因而雍正皇帝对他格外器重，雍正皇帝登基后委以重任，于1732年升至首席军机大臣，授保和殿大学士。随着其地位和权势的上升，一些满洲官僚相继依附鄂尔泰，一部分汉族官僚也投靠在鄂尔泰门下，由此形成了一个政治集团。

对于鄂尔泰和张廷玉这两位股肱重臣，雍正皇帝给予了极高的待遇，于1730年颁布谕旨，赐鄂尔泰和张廷玉死后配享太庙。在封建时代，这显然是皇帝赐给大臣的最高荣誉和奖赏。乾隆皇帝即位后，也同样敬重二位老臣，于第二年同封二人三等伯，又在张廷玉七十大寿时御书“调元锡祉”匾额，还亲自撰写对联和诗赠送张廷玉。

雍正皇帝和乾隆皇帝的恩宠，使鄂尔泰和张廷玉二人无所顾忌，他们开始暗中培植自己的势力，逐渐发展成两大对立的政治集团。清人昭梿就说：“上（指乾隆皇帝）之初年，鄂、张二相国秉政，嗜好不齐，门下士互相推奉，渐至分朋引类，阴为角斗。”

四、刘统勋弹劾张廷玉

1. 乾隆皇帝决意解决党争

对于鄂尔泰和张廷玉的结党，乾隆皇帝当然也是明察在心，如他后来就说："朕初年，鄂尔泰、张廷玉二人，亦未免故智未忘……""乾隆初年，诏廷臣集思广益，至再至三，然诸臣章奏，亦不遇摭拾浮言，自行其私而已。且彼时事之大者，莫遇鄂尔泰、张廷玉门户之习，初未闻一言及之。"

鄂、张两党势力的膨胀和明争暗斗，对于年轻的乾隆皇帝来说，自然不会听之任之，让其无限制发展。乾隆自登基以来，就发誓"用人之权从不旁落"，因而对结党营私的行为十分痛恨，经常以历史上的教训告诫臣下："明季科目，官官相护，甚至分门植党，偾事误公，恶习牢不可破，乃朕所深恶而痛斥者。"

但是，乾隆对鄂、张两党并没有立即采取措施，而是采取了利用、限制到最后铲除的策略，步步进逼，显示了高超的统治策略。

雍正末年，鄂尔泰首倡在西南"改土归流"，对巩固统一作出了巨大贡献。但由于举措不当，引发贵州苗民反抗，使雍正皇帝颇为不满，曾下旨切责鄂尔泰，并派出属于张廷玉集团的张照任苗疆大臣，入黔指挥征剿事务。张照挟门户之见，存心报复鄂尔泰，到贵州后搜集了鄂尔泰的各种罪状，向雍正皇帝告发，企图推翻"改土归流"政策，恰遇雍正皇帝驾崩。

乾隆皇帝即位后，继续实行"改土归流"政策，对张照的提议十分不满。不久，张照平苗失利，朝廷又起用鄂党的张广泗负责西南事务。这时，鄂党占了上风，欲穷治张党，置张照于死地。

乾隆皇帝虽然支持鄂尔泰的"改土归流"建议，但对鄂党的打击报复却没有坐视不理。他不希望一派完全压倒另一派，而是要在两大集团之间竭力保持平衡，使他们在一个体制下共处，共同效忠于自己。因此，当鄂尔泰要求处死张照时，乾隆皇帝并没有采纳。对此乾隆说："鄂尔泰欲置伊（即张照）于死地，朕若听信其言，张照岂获生全？"

乾隆皇帝不仅没有杀张照，相反还命其在武英殿修书处行走，后又任为刑部尚书。乾隆皇帝以后回忆此事时说道："鄂尔泰、张廷玉素不相得，两家亦各有私人……盖（张）照即张（廷玉）所喜而鄂（尔泰）所恶者，张广泗即鄂所喜而张所恶者，余非不知，既不使一成一败，亦不使两败俱伤，在余心固自有权衡，而鄂与张两皆成就为贤臣，不亦善乎！"

在乾隆皇帝看来，对两大政治集团不打击一派扶植一派，也不使两败俱伤，这样既可以利用两派中的优秀人才，而且如果能使鄂尔泰、张廷玉醒悟感化，放弃党争而成为“贤臣”，就是更加美妙的事。这是乾隆皇帝心中打的如意算盘，也是他作为一代明君的特殊表现。

然而，鄂、张二党及其本人的举动令乾隆大失所望，恼怒之余，他不得不放弃“感化”策略，而采取严厉措施打击党争。

1741 年，号称“敢于言事”的御史、鄂党成员仲永檀诬告张党集团接受京城富商俞氏贿银，将矛头直指张廷玉及其党羽。对于这次弹劾，乾隆皇帝并不相信，经过调查纯系乌有之事，但被牵进此案的提督鄂善却被查确实收受贿银 1000 两，结果被处死，而揭发有功的仲永檀也被擢佥都御史，乾隆皇帝还颁谕嘉奖他：“自今以后，居言官之职者，皆当以仲永檀为法，而不必畏首畏尾矣。”

仲永檀尝到弹劾的甜头后，又将矛头对准张照，说张党利用职权泄密：“向来密奏留中事件，外间旋即知之。此必有串通左右，暗为宣泄者，则是权要有耳目，朝廷将不复有耳目矣。”这里所说的“权要”就是指张党首领张廷玉。

对于这一指责，乾隆也并不相信，他指出：“鄂尔泰慎密之处不如张廷玉。”言外之意是，张党虽有泄密，但鄂党更甚。

仲永檀弹劾不中，张照立即反击。他探知仲永檀曾将留中密奏的疏稿内容泄露给鄂尔泰之子鄂容安，于是上疏揭发。乾隆闻奏，即命张廷玉协同其他大臣及三位亲王审理此案，结果查实仲永檀、鄂容安二人“往来亲密”，确实有过严重泄密之事。

对此，张照建议扩大调查范围，企图将鄂尔泰也牵扯进来，将鄂党一网打尽。但乾隆皇帝深知此时如果铲除鄂党，就没有足以和张党相抗衡的势力，那时张党就会为所欲为，肆行无忌了。因此他决定从宽发落，只将仲永檀下狱（后病死于狱），鄂容安也仅令其退出南书房，不再让其侍奉皇帝，然后又严斥鄂尔泰说：“以仲永檀如此不端之人，而鄂尔泰于朕前屡奏其端正直率，则其党庇之处，已属显然……其不能择门生之贤否而奏荐不实，不能训伊子以谨饬。而葛藤未断之处，朕亦不能为之屡宽也……鄂尔泰自思之，朕从前能用汝，今日能宽汝，将来独不能重治汝之罪乎？”

1745年，鄂尔泰病死，但其势力仍然固结不解。直到1755年发生胡中藻文字狱，胡为鄂尔泰门生，其诗文中多有悖谬之词，被斩决。此案又牵连鄂尔泰之侄、甘肃巡抚鄂昌，乾隆皇帝令鄂昌自尽，至此鄂党才遭到沉重打击。加上鄂尔泰两个儿子又相继在平定准噶尔的战争中阵亡，鄂党势力从此销声匿迹，成为历史。

2．刘统勋弹劾张廷玉

在打击鄂党的同时，乾隆皇帝也加紧了对张党的控制和打击。

为了不使张氏家族势力过大，当时担任左都御史的刘统勋建议乾隆皇帝，不妨效仿康熙朝的做法，“敕下大学士张廷玉，会同吏部衙门，将张姚两姓部册有名者，详悉查明。其同姓不宗与远房亲谊不在此例。若系亲房近支，累世密戚，现任之员开列奏闻，自命下之日为始，三年之内，停其升转”。

对于刘统勋的这一建议，乾隆皇帝表示赞同。但为了不引起张党的恐慌，乾隆又对张廷玉进行抚慰，开导张廷玉说，这样做对他有益而无害。

张廷玉在官场几十年，当然知道皇上此举的真正意图，于是他立即上疏请求辞去兼管吏部事务的职务，此后张廷玉又多次以年老乞退。直到1749年，乾隆才同意张廷玉以原官并带伯爵致仕。

但张廷玉的屡次乞退使乾隆皇帝深感不悦，因为在他看来，作为人臣侍奉帝王，应该鞠躬尽瘁死而后已，而张廷玉却为此反复不休，不顾皇恩宠沃，有失朝廷重臣的风度。

果然，张廷玉的这种做法很快被鄂党当作攻击的借口，他们向乾隆皇帝进言，称张廷玉没有资格享受死后配享太庙这一朝廷给大臣的最高荣誉。

张廷玉听后，心急如焚，他对这一荣誉看得极重，因为整个清朝自开国以来配享太庙的异姓大臣只有12人，而且自己是唯一的汉臣，如果被撤销这一待遇，比让他现在去死还严重。于是他立即去见乾隆皇帝，哭咽难抑，竟要求“乞上一言为券”，也就是让乾隆皇帝给他写一份保证书。这使乾隆皇帝很不高兴，但还是表示不会更改雍正遗诏，让张廷玉放心。

第二天，张廷玉只是让儿子张若澄上朝代谢皇恩，这使乾隆皇帝恼怒万分，认为张廷玉请求配享太庙时能亲自来面奏，谢恩时却不见驾，是视皇恩为“分所应得”，当即下旨斥责张廷玉。乾隆皇帝这一异常举动使协办大学士、张廷玉的门生汪由敦惊慌不安，暗中派人送信给张廷玉。次日一大早，张廷玉还没有接到圣旨就进朝谢恩。乾隆皇帝见张廷玉消息如此灵通，更是怒火难耐，查出果然是由张廷玉推荐的汪由敦走漏的消息，立即削去张廷玉伯爵，虽然仍保留配享太庙的资格，但已经彻底失宠。而给张廷玉通风报信的门生汪由敦，则罢去协办大学士及尚书职，留任办事赎罪。

然而，对于这位已经失宠的老臣，乾隆皇帝仍不放过，他不时寻找各种借口斥责张廷玉，使张廷玉寝食难安，想尽快离开京城这个是非之地，回原籍养老。1750年，皇长子、定亲王永璜病死，初祭刚过，张廷玉不顾自己是永璜老师的身份，就急匆匆地向乾隆奏请回乡，乾隆斥责道：“试思伊曾侍朕讲读，又曾为定亲王师傅，而乃漠然无情，一至于此，是谓尚有人心者乎？”可见对张廷玉的怨恨已达到极端程度。

之后，乾隆皇帝命令九卿讨论张廷玉是否有资格配享太庙，并定议具奏。九卿大臣看出乾隆皇帝的心意，一致认为应该罢免张廷玉配享太庙，并上奏乾隆皇帝。乾隆皇帝以此为依据，修改雍正皇帝遗诏，也不再记得自己对张廷玉的许诺，罢黜了张廷玉死后配享太庙的待遇。乾隆皇帝此举一方面显示了专制制度下皇权的至高无上，另一方面则彻底打击了张廷玉的势力，使朋党不再成为危及皇权稳定的隐患因素。

同年九月，又有人揭发张廷玉的姻亲朱荃曾涉及吕留良案，乾隆皇帝降旨罚张廷玉白银15000两，并追缴以前赏赐的各种物品，查抄其在京住宅。而张廷玉的其他党羽如汪由敦等人，也都一一受到处罚。当张廷玉于1755年病逝时，乾隆皇帝却作出眷念老臣的姿态，宽恕了张廷玉的罪过，仍令配享太庙。

乾隆皇帝这一做法，如果张廷玉死后有知，不知是应该高兴，还是应该悲伤？这实在是专制帝王对臣下所做的恶作剧！

由于朋党挑战威胁到了高高在上的皇帝权威，所以，一直以来，就是历代统治者深感头痛的棘手问题，清代也不例外。雍正朝鄂尔泰、张廷玉两大集团的争斗，一直延续到乾隆朝，而且愈演愈烈。最终，在乾隆皇帝的精心运作下，先后消除了鄂、张两大集团，平衡了朝中势力，从此以后，再也没有形成较大的朋党势力，有力地维护了集权统治。

1755年春，张廷玉卒于里第，葬于龙眠山。乾隆皇帝命仍配享太庙，谥文和。清代汉大臣配享太庙，仅张廷玉一人。

刘统勋弹劾张廷玉，得到了乾隆皇帝的赞赏，刘家也开始受到乾隆皇帝异乎寻常的重视。而这些给日后的刘家带来了哪些影响呢？

第四讲 刘统勋为官（一）

——为乾隆皇帝『立德』『立功』之谜

一、“其上立德，其次立言，再次立功”

刘统勋除了弹劾张廷玉之外，还为乾隆皇帝在“三立”问题上，作出了重大贡献。

什么叫“三立”呢？“其上立德,其次立言,再次立功”,这就是“三立”。

问题在于“立德、立言和立功”是什么内容呢？所谓“立德”是指人的政治、思想方面而言的。指的是作为皇帝，你要有德行，你要时刻把百姓装在心间,你要处处为百姓着想。你要知道君民关系是一种舟和水的关系，你要知道百姓既可载舟、也可覆舟的道理。对百姓要施恩惠，这就是其上立德。

其次立言，是指在文化艺术事业上，不光你皇帝自己诗书画要好，而且要在你的统治时期，让全国的文化事业得到迅速发展，让所有的文人、知识分子肯定你、夸赞你，这是其次立言。

再次就是立功。立功这一点就稍微有点扩张的味道，在你的统治时期，疆域要很广大，你要守得住疆土，你要守得住祖宗给你留下来的基业，而且你还要继续不断对外扩张，你这个疆土不是守住就得了，而是要继续扩大，这个叫再次立功。

我们讲，刘统勋能够得到乾隆皇帝的赏识，无非也就是说他明白乾隆皇帝在想什么，不但明白乾隆皇帝在想什么，而且要想乾隆之所想，急乾隆之所急，做乾隆想做不能做的事，为他分忧解难。在这个方面我们说刘统勋是做得很好了。否则的话他就不会受到如此赏识。

首先，要明确刘墉的父亲刘统勋受到乾隆皇帝的赏识的原因。说起刘墉的父亲刘统勋，他的所作所为得到了皇帝的首肯，他对皇帝的研究应该说是比较深刻的。那乾隆皇帝他的内心世界里到底在想什么呢？其实说起乾隆皇帝的所作所为，他的所想，无非“三立”而已。

二、刘统勋为乾隆皇帝“立德”

我们先来看刘统勋为乾隆皇帝的立德方面所做的工作。这一点，相关史籍都不敢否认，《清史列传》特地用重笔介绍了刘统勋为皇帝立德所做的三件大事。

1. 杜绝党争出现之源

第一件事，是他改变了清朝官吏到地方任职携众弊习。

清军入关的时候，满州人对汉族人有些不太相信，所以在清初，每个官员到地方任职的时候，都要带自己的亲信，带好几十个人去地方做官。皇上派的是一个人，却要带好几十个，为什么？因为对当地所有的官员都不相信，我想办什么事的时候，我得用我的亲信。

这样就容易出现一种问题，即私党。这些亲信只知道这个官员，却不知道皇帝！所以出了一些问题。刘统勋发现这个事以后，立即上书乾隆皇帝，建议把这个改掉，以后地方官员赴任只能只身前往，不能带别人去，需要什么人，朝廷另行派给你。

乾隆皇帝立即接受了这个建议。这样呢，官民之间的关系就好一点。

2. 停止因噎废食之举

第二件事，乾隆皇帝得到户部上奏，说现在有很多地方主管钱粮的官员不负责任，贪污腐化，不干正事，建议把这些官员统统撤掉。

乾隆皇帝得到这个消息非常生气，当即就决定，把不称职的、主管钱粮的官员统统撤下来，把这些人撤掉，换另外一批人去！他做得有点极端，另外一批人是什么呢？就是我们前面给大家介绍过的，那时叫笔帖式，换上他们！

但是乾隆皇帝又觉得这样不太合适，于是乎赶忙招呼刘统勋前来。

当时的刘统勋70多岁了，确实是老了，他面对这种情况，沉默了半天，没有说话。最后，跟皇上说了一句话，我有点老了，这件事您别今天问我答案，您明天再问我，我先回家，我给您想想，您别着急，我明天一定给您一个回复。结果皇上就让他回去了。

皇上着急啊，睡不着觉，这事得解决。第二天皇上赶忙派人把刘统勋叫来，您这事儿昨天想得怎么样了？刘统勋回答了几个字，您不能因噎废食，该管理管理，该教育教育，为此把整个机构取消，不是上策。这是他为乾隆所办的第二件积德行善的事，当时乾隆就觉得还是刘统勋说得对，立即就照办了。

3. 微服私访治理黄河

这两件事，老百姓看不见，但是有一个事他办的是老百姓看得见的，办得特别好。在讲这件事之前，我先讲一个农村的农民知道的一个词，叫"秫秸"，是什么呢？比如我们种的高粱，高粱收回家了，那个高粱秸，高粱长的秸叫"秫秸"，就是秸秆的意思。农村人收完了高粱之后，把这个没用的捆起来，捆成一捆，平常是生火用的，但是它还有别的用途，什么用途呢？可以在修黄河的时候把它捆成一捆，上面压上石头啊，和上泥，这样就可以筑黄河大堤。刘墉的父亲对治河非常精通，他干了很长时间的一个职务就是漕运总督。

有一年，刘统勋微服私访去检查黄河，自己走到黄河大堤上，看到不远处有几辆大车，大车上高粱的秫秸装得满满当当，马车上没有人，旁边蹲着几个人，在那儿哭呢。刘统勋就问，你们怎么了，为什么哭，当时这几个人说我们是某某县的老百姓，奉我们的县官之命把高粱的秫秸送交管治理黄河官员的手里，结果我们送去了以后，他看我们可能有钱，非得说你把秫秸交给我可以，但是你必须要给我几吊钱，否则我就不收，然后我就上报，上报朝廷说你们这个县没有交，将来你们县的头儿就会被撤职，要不然你就给我钱。这几个人说，我们哪儿有钱啊，我们只是一个拉车的，赶车的，我们没有钱，可是跑回去吧，又怕县里的县官受罚，所以我们左右为难，我们在这儿待了十多天了，钱都没有了，花光了，现在连吃饭的钱都没有，我们正为难呢。刘统勋一听，行了，你甭管了，我告诉你我也是送秫秸的，我跟那个县官熟着呢，待会儿我替你交，你放心吧，你在这儿歇着啊。

结果到了某县，收高粱秸的人肯定不认识这就是刘统勋。一瞅，这个人长得细皮嫩肉的，一看他们家就有钱，要几吊不行了。

“吊”是一个什么单位呢？

中国古代的钱，自从秦始皇统一中国，就统一了货币。从秦朝开始，中国就有了上币和下币之说。秦朝时，上币指的是黄金；下币，指的是铜钱。铜钱的重量是半两，铜钱上面还有“半两”两个篆字！因此也叫“秦半两”。铜钱的形状，是圆形方孔，所以到了文人那里，也叫“孔方兄”。“孔方兄”的寿命很长，一直使用到清朝灭亡才结束了它们的生命！

圆形方孔钱的形制，为后来历代王朝所沿用，只是重量、大小不一。货币的统一，便利了商品的交换和物资交流，有利于商品经济的发展和国家的统一。

到了汉朝汉武帝的时候，废止使用“秦半两”，一律使用“五铢钱”。成语“锱铢必较”的“锱”和“铢”就是这么来的。“锱”和“铢”都是重量单位，都比“两”要小。六铢等于一锱；四锱等于一两。也就是说，二十四铢等于一两。

秦朝的一个铜钱是十二铢，汉朝的一个铜钱是五铢。也就是说，秦朝的一个铜钱相当于汉朝的两个半重。

“五铢钱”在中国前后使用了500多年，直到唐朝武德四年（621年）才被废止。

唐朝建立以后，在武德四年（621年）以前，市场上流通的是隋的五铢钱和其他古钱，非常混乱。武德四年（621年），开始铸造“开元通宝”。开元通宝的外形继承了北魏五铢和隋五铢的风格。钱文却别出心裁，既不是重量，也不用年号。“开元”，顾名思义，是开辟一个新纪元的意思；“通宝”，自然是做流通的宝货。“通宝”这一名称一直沿用到清末，历时一千三百余年，中间还衍生出泉宝、重宝、元宝等。南宋嘉定铁钱，竟有十四种“宝”。货币称宝，说明它流通的范围和发挥的作用都比过去有所扩大，钱币名实都成为宝物而支配人类社会了。唐“开元通宝”上的四个隶字，书体端庄，相传是当时著名的书法家欧阳询写的。用隶书做钱文，虽然从三国时已开始出现，但开元钱影响极大，从这以后的钱文一般都不再采用篆书了。早期开元通宝钱直径为2.4厘米，重量为3.6克。开元通宝是唐朝近三百年间流通的主要钱币，唐亡后继续流通了七百多年，直到明朝末年才被废止。

不过，这个时候，还有一个规定，就是禁止使用黄金、白银等重金属为货币。

到了明朝后期，随着经济的发展，先是在商人中间逐步违背历代政府的禁令，擅自开始使用银子作为新的货币单位，也就是上币。而把历代政府规定使用的铜钱作为下币，上币和下币之间可以兑换，而且自行规定一千个铜钱兑换一两银子。

到了1581年，明朝张居正改革的时候，不但承认了银元作为上币、铜钱作为下币这样一个事实，而且还承认了一千个铜钱兑换一两银子这样一个事实。

那个时候，一千个铜钱拴成一串，叫“一串”也叫“一吊”。

不过，一千个铜钱兑换一两银子可不是固定的，它是建立在国家有足够的银两基础之上的。如果在全国市场上，银子多于铜钱，就会出现铜贵银贱的情况，也就是说，在这种情况下，就会出现用不到一千个铜钱兑换一两银子的情况。

在中国的历史上，这种情况还真的出现在中国最为强盛的“康乾盛世”时期。那时，用九百个铜钱就能兑换一两银子。也就是说，那个时候的“一吊”钱是九百个铜钱。

当然，如果在全国市场上，铜钱多于银子，就会出现银贵铜贱的情况，也就是说，在这种情况下，就会出现要用一千多个铜钱才能兑换一两银子的情况。

在中国历史上，尤其是在中国近代历史上，这种情况经常发生。变化开始于清道光皇帝统治时期（1821 ～ 1850 年）。

清朝中叶以后，英国不断走私鸦片。随着鸦片的大量输入，白银大量外流。根据黄爵滋的奏疏：“自道光三年至十一年（1823 ～ 1831 年），岁漏银一千七八百万两。自十一年至十四年（1831 ～ 1834 年），岁漏银二千余万两。自十四年至今，渐漏至三千万两之多。此外福建、江浙、山东、天津各海口，合之亦数千万两。以中国有用之财，填海外无穷之壑。易此害人之物，渐成病国之忧。日复一日，年复一年，臣不知伊于胡底。”

这个时候，通常的情况下，要用一千六百个铜钱才能兑换一两银子！“一吊”钱是一千六百个铜钱！下面这个表格就是在鸦片战争之前铜钱与白银的兑换情况。

年　　份	一两白银兑换铜钱数
1823~1824	1249 文
1828~1829	1337 文
1833~1834	1363 文
1838~1839	1638 文

这还不是最高的。咸丰皇帝统治时期（1851 ～ 1861 年），由于清朝已经经历过两次鸦片战争的失败，向外国赔款数额大量增加，很快就出现了要用一千八百五十个铜钱才能兑换一两银子的情况。在这个时候，“一吊”铜钱是一千八百五十个铜钱。

进入19世纪末以后，情况基本稳定在一千六百个铜钱兑换一两银子左右，也就是说，这个时候基本上“一吊”铜钱是一千六百个铜钱！

我们还是继续讲刘统勋的故事。这个时候，那个收高粱秸的人心里面想，这个人长得细皮嫩肉的，一看他们家就有钱。我跟他要几吊太赔了，你得给我拿15吊钱来，少了15吊钱，你这个我不收。然后刘统勋就跟他吵，吵起来了。你还敢吵，左右把他给我推出去，轰出去，把刘统勋臭揍一顿，把这个车没收，多大的胆子啊。刘统勋自己没想到啊，人家说收几吊，到自己这儿收15吊，比人家说的还多，自己还挨了一顿揍，心里不痛快。回到大堂之上，回到自己的办公地，赶紧的，把这官儿给我拿来。立即开会，把治理黄河的所有官员都集合起来，开现场会，看看我这身伤，看看我这衣服，看看你们的作为、做派。结果所有人到齐，把某县官治河官员押送过来，三言两语简单审问，推出去，杀掉。还没等杀，所有治河的官员全都跟那儿跪着，长跪不起，求情，最后把他推回来，重责几十大板，真的板子揍，你想想刘统勋他也挨揍了。所以这之后，所有的人再见到农民送高粱秸秆的时候，没一个人敢要钱了，来了就赶紧收，收完了还得跟人家说好话，你可千万别上人家那儿给我告状去。这个事老百姓欢迎啊，刘统勋是在为皇上积德行善。所谓立德方面，他做了这么三件事，这是史书上留下来的，像这类事情，刘统勋做得很多很多。

三、刘统勋为乾隆皇帝“立功”

1. “土司”的权利

在为皇上立功方面，他也做了一件非常漂亮的事。不过要说这事之前，咱们得先介绍一个词，这个词叫“土司”。

土司是元朝开始设立的一个职位，在我们中国的西南、西北地区设置的这么一个官职叫土司。

中央派官员管理地方，派什么人管理地方呢？如果派的这个人是有任期的，三年五载之后调回来，这就叫流官，流动的官员。如果派的这个人就是本地人，就是这个地儿的人，他的任期没有期限，可以做好几十年，他死了以后，他们家的人可以继承，这叫土司，这叫作土司官。

这种土司官，元朝开始在西南、西北广大地区都有设置，这是适应当地的政治、经济状况而设的一种专门机构。

所以我们看土司官跟流官不一样，他可以世袭，他可以有自己的军队。当然，他也得向中央交税。中央要打仗的时候，调他的兵，他也得跟着去。

但是他可以世世代代在这儿啊。所以土司最大的优势就是什么？割据，他这儿一割据，就专管这块地儿。割据之后，就往往会引起混战。我想把你那地儿占了，反正是天高皇帝远，皇上也不知道。

等到了清雍正年间，开始觉得这土司制度不好，开始收。

收土司之前，派流官管理，但是仍然好多地儿都没有收回来。

到了光绪帝的时候，中国还有好几百个土司呢，其中甘肃有 142 个土司，四川有 26 个，广西有 46 个，云南有 50 个，贵州有 81 个土司，还有青海和西藏各有 35 个土司，这是到光绪年间。

那么在乾隆年间呢，这些个地儿的土司那就更多了。

2. 两次大、小金川之战

在四川的大、小金川地区就有这么两个土司官。大金川有一个土司官，他叫莎罗奔，小金川也有一个土司官。小金川这个土司官刚一死，新任土司官还没继位，结果大金川的土司官莎罗奔就吞并了小金川——这是在乾隆年间。

小金川的土司官他不干，他让人反映到朝廷中。

乾隆皇帝知道后，命令清军前去征讨，这便是第一次大、小金川战役。结果乾隆皇帝取得了巨大的胜利，恢复大、小金川地区的原状。你就统治大金川，小金川就由别人统治，互不干涉。

又过了几年，大金川莎罗奔死了，他的侄子郎卡继位。郎卡继位以后，他更不听乾隆皇帝的了，鱼肉百姓，和周围其他的土司经常发生战争，引起了周围所有土司的反对，联名上书皇帝，要求解决问题。

乾隆皇帝得到信报以后，他就想酝酿一次新的战争，但是刘统勋觉得不应该打。刘统勋是怎么想的呢？那个地方气候恶劣，交通不便，清军主要都是北方的，到那儿肯定适应不了，所以他觉得最好是能政治解决就政治解决，吓唬吓唬得了。

结果，乾隆皇帝不听，还是派了人，派了5万大军征讨大金川，结果没俩月，不幸的消息传来，全军覆没。

这个时候，乾隆皇帝脑袋可疼了，自己也当了40年的皇上了，那地儿咱也打过，这个刘统勋告诉我不能打，不能打，我就偏不听，结果没办法，找刘统勋过来吧。正所谓史书上所说的，叫“烦懑无计”，不知道是该用兵还是该撤兵。

当时乾隆皇帝想这刘统勋肯定一张嘴就是撤，但是他没想到，刘统勋说了这么一句话：“日前可撤兵，此时绝不可撤兵。”此前您不应该去，现在去了，就不能后悔，全军覆没了那也不能撤兵，继续加兵，加谁啊？皇上问了，你说让谁去啊？我给您推荐一人，百战百胜，阿桂，让阿桂去，不出两个月肯定解决问题。

刘统勋为什么要推荐阿桂去呢？因为，阿桂对于大、小金川地区熟啊！简直是太熟悉了！

3. 阿桂用兵大、小金川

阿桂是大学士阿克敦的独生子。他出生于1717年，1738年阿桂中了举人，开始走上仕途。

阿桂在刚刚走上仕途的时候，任大理寺丞，后来任兵部主事，充军机处章京。在仕途上，阿桂与其父亲阿克敦一样，也是能文能武、智勇双全。

在阿桂长期的军事征战生涯中，最为重要的应该就是出征大、小金川了。

乾隆十三年（1748年）冬，乾隆皇帝命令八旗大军出征大、小金川（今四川西北部地区）地区，内大臣、兵部尚书班第出督军饷，阿桂从参军事。

根据《清史稿·阿桂传》和《清史列传·阿桂传》的记载，前线的清军大将、川陕总督张广泗围困金川叛乱头目莎罗奔。但是莎罗奔依靠地理位置和以逸待劳的双重优势而拒绝投降，张广泗久攻不克。在此情况下，乾隆皇帝又命令大学士讷亲前往大、小金川地区经略军务，同时起用岳钟琪为四川提督进行配合。这个时候，讷亲与张广泗两个人因为下一步的做法产生了分歧。乾隆皇帝先后召讷亲、张广泗回京，以贻误军机罪将二人处死。与此同时，岳钟琪就此事告发阿桂“勾结张广泗，蒙蔽讷亲”。结果，阿桂被逮捕追查。

根据《清实录》记载，第二年六月阿桂获释，乾隆下谕说：“阿桂随往军营办事，年少无知，自干罪戾，固应按律重惩，但伊系司员，原不过以供驱使，其获罪之处，与贻误军务者有间，情有可原。伊父阿克敦因子犯罪，深知惭悔，办理事务，甚为黾勉，且高年仅有此子，拘系囹圄。别无朝夕左右之人，朕为垂悯，著加恩将阿桂从宽释放。交与阿克敦严加约束，毋许稍有滋事。”

我们注意到，在这里，乾隆皇帝明确说明，之所以释放阿桂，完全是因为朝廷重臣、其父阿克敦只有阿桂这么一个儿子。这对于青年阿桂来说，应该是个多么大的打击呀。

第一次领兵出征大、小金川地区就落得个如此的结果，应该说也让青年阿桂增长了不少见识。

1764 年（乾隆二十九年），乾隆皇帝命令阿桂由伊犁将军调署四川总督，代替临时回京的总督阿尔泰。阿桂在大、小金川地区巡视之后，了解详细情况后很快又回到京师复命。

1771 年，这一次，阿桂在刘统勋的推荐下，受命署四川提督，随副将军、理藩院尚书温福进讨。

八旗军队原拟先攻主犯小金川，暂置大金川于不顾。阿桂旗开得胜，连克巴朗拉、达木巴宗及资哩山、阿喀木雅等寨。与此同时，松潘总兵宋元俊也收复革布什咱。八旗军队与叛乱军队形成对峙之势。

根据《清实录》记载，乾隆催促温福三路进攻，誓在必诛叛酋。阿桂被授参赞大臣，自西路阿喀木雅前攻。僧格桑及索诺木均派人至清营请罪，温福奏请饶索诺木不死，乾隆皇帝下令“一并擒获”。

1772 年 5 月，总督桂林在墨垄沟失利，阿桂即被派往南路统兵，与温福、丰升额所率西路、北路兵各当一面。阿桂率领南路精兵，跋山涉水，攻取碉寨，连战皆捷，至12月初已经攻占了信格宗和美诺两地。与此同时，温福也率领部队占领了听郭宗，僧格桑逃入大金川，其父泽旺被擒获，小金川全部荡平。乾隆皇帝高兴地说：贼巢已破，我武维扬，阿桂调度有方，懋著劳绩。

小金川既已荡平，八旗军队遵照乾隆皇帝旨意，准备立即进攻大金川。

1773年正月，阿桂由当噶尔拉、温福由功噶尔拉、丰升额由绰斯甲布分路攻向大金川心腹之地噶拉依和勒乌围。6月，风云突变，由于温福的疏防，所率主力一军在木果木遭到突袭，清军惨败，温福中枪阵亡。

这时，大金川地区的叛乱分子听说副将军、理藩院尚书温福阵亡的消息后，抵抗更加顽强。与此同时，小金川诸部也明显地感觉到当时的形势似乎对大金川更加有利，于是再次叛乱。

就在这个时候，阿桂被任为定边将军，这是他第一次为大军主帅。阿桂受命于危难之秋，他十分冷静地调出南路之师，集合原有及新添之部队，迅速占领了得而复失的小金川地区。

这个时候的乾隆皇帝对于阿桂率部所取得的战果非常满意，不但夸奖"阿桂此次办理，事事妥协，甚属可嘉……统办进剿之事，实堪倚任"，而且还迅速提升阿桂为定西将军。更有甚者，乾隆皇帝还把顺治年间所铸造的定西将军印授予阿桂，希望阿桂"迅奏朕功"。

阿桂果然不负众望，从9月末至10月初的7天时间里，阿桂迅速平定了小金川所有地区。

为了一鼓作气，再度攻取大金川地区，阿桂做了详细的军事部署：一是备足粮草；二是利用"以番治番"政策，对归顺清朝的民众给予赏赐；三是在军事上探明道路，利用没有参加叛乱的土司牵制大金川地区叛乱的土司。

一切准备就绪之后，1774年正月，阿桂将兵分三队各五千人，从布朗郭宗进发，第一队海兰察领之，第二队色布腾、巴勒珠尔领之，第三队阿桂亲自领之。先克其左右两山，继克罗博瓦山，转而避实就虚，攻占日则口，继攻逊克尔宗，小金川的土司僧格桑被杀，大金川土司献其尸求和。此后，阿桂率兵继续向叛军的腹地挺进。到 1776 年，大、小金川全部扫平。

捷报传到京师，乾隆皇帝不等阿桂班师，特地解下自己使用的黑狐腿黄马褂，下令将其赏赐给阿桂，还说此次平定金川实皆阿桂一人功绩，深堪盛尚。阿桂回京途中，乾隆皇帝亲自率领文武官员到良乡迎接。阿桂的胜利之师到达京师之后，乾隆皇帝又亲赐美酒和紫缰及四开褉袍，还下令在紫光阁画像纪念，并且将阿桂列为平定金川 50 名功臣之第一。

大金川地区就没有土司了，小金川的土司还继续存在，大金川地区改设流官，彻底解决了这个地区的割据问题。这件事，也就成就了乾隆皇帝十大武功中的一个。如果没有刘统勋，乾隆皇帝还且凑不够那十大武功呢，这是我们讲的他在为乾隆皇帝立功方面所做的一个重要的工作。

四、刘统勋为乾隆皇帝“立言”

当然，刘统勋作为文官，他是翰林院的掌院学士，翰林院几百个人都归他一个人管，他是最高头儿。他对于大清朝，对于乾隆皇帝来说作出的最大贡献，乾隆皇帝倒不觉得是立德、立功，乾隆觉得最主要的还是立言。

1. 乾隆皇帝开博学鸿词科

在立言方面，乾隆皇帝其实是一个很有雄心壮志的人。他刚刚继位的时候，就开博学鸿词科，开科取士。这个博学鸿词科，不是咱们正常的科举考试，正常的科举考试三年考一回，录取的叫进士。进士分成三种，赐进士及第、赐进士出身和赐同进士出身。这是考试了，这是正常的科举考试，乾隆皇帝刚一继位，下令开博学鸿词科。

博学鸿词科，这是什么意思呢？博学鸿词科，是在科举制度之外，笼络知识分子的一种手段，它不限制资格，凡是督抚推荐的，都可以考试。考试后便可以任官。

在乾隆皇帝之前的康熙十八年（1679 年），为了笼络明末隐居的知识分子，举行博学鸿词科，令在京官员、督抚及学政，推荐学行兼优、文词卓越的人，不论有无官职，是否秀才，一律到京考试，结果全国推荐 143 人，考取 50 人。

因此，我们说，博学鸿词科相当于我们今天所说的特招，今年加一回考试。谁懂得诗词的谁就报名，去考试。

雍正末年，下诏举行博学鸿词科。令各省督抚推荐，但未及举行考试雍正就死了。乾隆元年（1735 年）才在京考试。结果乾隆皇帝用了一个人，用谁呢？张廷玉，张廷玉这个人我们前面讲过，让他来组织考试，当时各省推荐了 176 人，取 15 人。

当时皇帝很生气，张廷玉这个人太严格了，你怎么给我录取这么几个人，重新考，把去年没考上的、落榜的都招回来。再接着考一遍，又录取了 4 个人。乾隆皇帝得罪不起他，人家张廷玉是雍正皇帝死之前，写在遗诏里面的，张廷玉死后，配享太庙。乾隆皇帝得罪不起张廷玉，但是乾隆皇帝的心尽到了，让天下的人都听自己的，天下的学子们服从于自己，觉得自己很重视学问。

2. 乾隆皇帝修“三通”

后来，乾隆皇帝又组织修“三通”。分别有人在不同的朝代写过三本书，是关于经济史、法律史和典章制度的三本书，一本书叫《通志》，一本书叫《通典》，另外一本书叫《文献通考》，从此以后没人再写了，所以乾隆时期又组织了三通馆，修“三通”。

前面咱们介绍过，修《皇朝通志》《皇朝通典》《皇朝文献通考》，这个“皇朝”就是大清朝，很快三本书就修完了。

3. 乾隆皇帝准备开修《四库全书》

“三通”修完了以后，乾隆皇帝觉得要写一本厚厚的书，这本书要比《古今图书集成》10000 卷还要厚。《古今图书集成》是康熙年间修写的，而且要比明朝永乐皇帝明成祖朱棣修的那部《永乐大典》要厚。《永乐大典》，22877 卷，还有凡例，有目录 60 多卷，加在一块儿有的人算成 22900 多卷。一定要修一部超级厚的书，把天下所有的书都集中到这儿来，给起一名儿，叫《四库全书》。可《四库全书》，乾隆皇帝就想着，编书的得分成几种人。有的人是总裁，有的人是副总裁，有的人是总纂，这些他都想好了。

1770年，他就开始酝酿这件事，但是这件事最终酝酿成，开始动笔是在1772年。他觉得这件事必须得由大学士做总裁，翰林院的掌院学士刘统勋才可以。

刘统勋有先天的有利条件啊，翰林院的掌院学士，翰林院的这些人都归他管啊，编书的人无非都是翰林院的翰林，由他当总裁，由另外好几十个尚书、侍郎当副总裁，他就想好这么一套班子。编书的具体的人也想好了，那就是翰林院庶吉士、侍读、侍讲、编修、检讨，这些人你们就编去呗，但是谁当这个总纂官呢？

4. 刘统勋推荐纪晓岚

谁主持这个具体的写作呢？乾隆皇帝他身边没有一个合适的，他就犯了头疼。有一天他就找到了刘统勋，就把他的为难之处提出来，他是这么说的，古来兵家常云，“千军易得，一将难求”，这编纂《四库全书》一事，乃千秋伟业，比疆场征战更难，朕沉思已久，难道以中国之大竟无一人堪当此任？

刘统勋一听，皇上缺一个总纂官，我那门生纪晓岚行啊。可这纪晓岚被皇上发到新疆去了，这可怎么办呢？

纪晓岚何许人也？他怎么就成了刘统勋的门生了呢？

第五讲 刘统勋为官（二）——与纪晓岚的关系之谜

前面我们说到了乾隆皇帝想编纂《四库全书》，他任命翰林院的掌院学士、大学士刘统勋担任总裁。但是乾隆皇帝知道，他手下缺乏一个总纂官。

在这个时候，刘统勋一想，干脆，向皇上推荐我的门生纪晓岚吧！纪晓岚是何许人也？他怎么就成为了刘统勋的门生了呢？他为什么会被乾隆皇上发到新疆去了呢？

话还要从纪晓岚谈起。

一、纪晓岚的崛起

1. 纪晓岚参加科举考试

纪晓岚，1724 年出生于直隶河间府献县崔庄。直隶，相当于我们今天所说的河北省；河间府，相当于我们今天所说的保定地区。当时河间府的办公地点在今天的河北省献县；崔庄这个地方现在叫作崔尔庄，已经划归沧州管辖。

纪晓岚的爷爷纪天申在大清朝是个小官。纪晓岚的父亲纪容舒是1713年的举人，在大清朝也是个小官，曾经担任云南姚安知府。此外，他还是个文学名士，写过一些著作。

1734年，纪晓岚的父亲卸去了姚安知府的职务，来到北京户部任职。纪晓岚随父入京，过起了天子脚下的生活。

在1740年，纪晓岚16岁这一年，他参加了当年的童子考试，从北京回到了他的老家献县的崔庄。他到老家所办的第一件事，不是参加科举考试，而是奉命完婚。因为他的父母给他定了一门婚事，他们家的临县东光县有个马永图，马永图的女儿比他大一岁，在这一年嫁给了他。新婚的纪晓岚已经无力专心致志地学习，转眼之间，他的儿子也就出生了。纪晓岚本人结了婚，有了老婆，有了孩子，在这个时候，他参加童子考试，其结果显然是失败的，他没有考中，自己也很伤心。在《阅微草堂笔记·槐西杂志》里面，他说他自己有特异功能，在四五岁的时候，特异功能很强的，能够夜间见物跟白天一样，但是到了七八岁的时候，就逐渐昏阉了，他的原话说，“七八岁后渐昏暗，十岁后遂全无睹”，神圣的光环退却了。被人称为“神童”的他只能加倍努力。

还好，皇天不负有心人，在1747年的时候，23岁的纪晓岚参加了乡试，结果参加乡试的时候他很幸运，取得了第一名。

这一年乡试的主考官是谁呢？这一年乡试的主考官是两位大名鼎鼎的人物，一位是满洲大名鼎鼎的人物阿桂的父亲阿克敦，一位是汉族大名鼎鼎的人物刘墉的父亲刘统勋。

2. 阿桂的父亲阿克敦

根据史书记载，阿桂的父亲阿克敦（阿克敦，满语里面“结实”的意思）在1709年（康熙四十八年）中进士。根据《清史稿·阿克敦传》记载，中进士以后的阿克敦，在仕途可谓是一帆风顺：在地方官任上，曾经担任过广东巡抚、广西巡抚；在京官任上，担任兵部侍郎、刑部尚书兼翰林院掌院学士、协办大学士。此外，还曾经多次代表皇帝出使朝鲜和厄鲁特蒙古；在战争中，也是多次立功；在学问上，则更是声名显赫，著有《德荫堂集》

十六卷；最后以原任致仕，死后谥号“文勤”。

阿克敦曾经在刑部尚书任上干了十多年。在这个任上，他有很多心得。在《清史稿·阿克敦传》的结尾，就记载着这样的一件事情。

一日，阿桂侍，阿克敦曰：“朝廷用汝为刑官，治狱宜如何？”阿桂曰：“行法必当其罪，罪一分与一分法，罪十分与十分法。”阿克敦怒，索杖，阿桂惶恐求教。阿克敦曰：“如汝言，天下无完人矣！罪十分，治之五六，已不能堪，而可尽耶？且一分罪尚足问耶？”阿桂长刑部，屡举以告僚属云。

想一想，阿克敦的话，无论是在当时还是在现在，似乎都是很有道理的。

远的比如说，康乾盛世时期清朝皇帝的治国方针的变化：康熙晚年过分宽仁，雍正皇帝又纠之以严，走向了另外一个极端。根据《清实录》记载，乾隆登基伊始则宣称治天下之道，贵得其中。阿克敦在刑部尚书任上的方针，则恰好符合这个折中之道，所以他一直为乾隆皇帝所欣赏。

近的比如说，我们现在的交通法规对于违章人、车的处罚。如果交通法规过于宽泛，很有可能造成人人视交通法规为儿戏的现象；如果交通法规过于严厉，则很有可能造成大量的交通肇事逃逸的情况出现。

但是，问题在于，这宽严之间的度是很难把握的。这火候稍微掌握不好，就很有可能造成过于宽泛的现象，还很有可能造成犯罪分子屡禁不绝的现象。比如，阿克敦的儿子阿桂和阿克敦的学生纪晓岚对于日后的大贪官和珅为非作歹行为的放纵，就应该与阿克敦的长期熏陶有很大关系。

3. 纪晓岚考中进士

阿克敦和刘统勋这两个人一看纪晓岚的试卷，非常欣赏，立即共同点这张试卷为第一名，所以我们说连中三元，这是很难的。1747 年这一年，纪晓岚中了解元，第一名，他非常高兴。

1754 年 3 月，纪晓岚又参加了一次会试，这次会试考得很好，他考中了会试的第 22 名，在殿试中，他很有幸，考中了什么呢？考中了二甲第四名，一甲一共就三名，二甲第四名，也就是全国第七名。这个时候，他已经 30 岁了，不过还不晚，30 岁的他终于考中了进士，圆了他的进士梦。

4. 春风得意的纪晓岚

此前我们讲过，1762 年，纪晓岚出任福建学政，主持福建的考试。他在北京的宅子就典给了别人，就是说出租给了别人。为什么呢？因为他到福建去了，他父亲当时年岁已经很大，在北京无人照料，所以就把北京的房子出租给别人。纪晓岚的父亲回到了献县崔尔庄，他的老家。不巧的是，在纪晓岚的官运亨通之际，他的父亲病死了。1764 年他的父亲病故，纪晓岚只得丁忧回家。那个时候的纪晓岚，四十多岁，应该说是春风得意正当年。他想，这回皇帝把我调到了北京，我该不会外放了吧，我该永远留在乾隆皇帝的身边了吧。与其那样，就不如把我租出去的房子典回来，把我的妻儿老小全都带到北京做天子脚下的臣民。所以他迅速地把他的妻儿老小从献县老家全都搬到了北京，住在宣武门外。

二、刘统勋办理纪晓岚案件

1. 卢见曾贪污案件

1768 年发生了一件事。两淮历代转运使贪污案发，不是一代，历代转运使贪污。一个新任的两淮转运使尤拔世，他到了这儿一看，亏了，盐运的钱没有了，哪儿去了，一查，都被人贪污了，被谁贪污了呢？

尤拔世就直接上报皇帝，历代盐运使都有贪污嫌疑，乾隆皇帝大怒，一方面命令江苏巡抚彰宝会同尤拔世审案，另外一方面秘密地让人去缉拿卢见曾，同时做了第三手准备，查抄前盐运使卢见曾的老家，告诉诸位，任何人不得走漏风声。卢见曾当时在扬州，他的老家不在扬州，在乡下。被缉拿问罪的卢见曾拒不交代，我没有贪污。结果皇帝派人到卢见曾的老家查抄，仅有铜钱数十千，一千的铜钱算一贯，相当于一块银元，整个卢见曾的家就相当于只有几十块银元，连像样的衣服都没有。没钱，乾隆皇帝纳闷儿，不对啊，他们家应该有钱，我以前去他们家的时候，还很排场，见过他们家的钱，怎么没有钱呢？一定是有人事先得到风声把钱转走了，继续审查。

结果卢见曾老家的一个邻居叫李容站出来揭发：卢见曾的确是把钱事先转走了。卢见曾他从哪儿得到的消息呢？乾隆皇帝就想，不对，一定是有人走漏了消息，事先通报了他，这个人是谁呢？查！一方面命令继续审查卢见曾，如若不说，重刑伺候，拖出去打死他，当时卢见曾 78 岁，另外一方面继续查他的老家。结果，查来查去，走漏风声者正是纪晓岚。

2．纪晓岚陷入卢见曾案

问题在于，纪晓岚为什么要把历代两淮盐运贪污案的消息走漏给卢见曾呢？这还要从卢见曾的孙子卢荫文谈起，还要从纪晓岚家与卢见曾家的特殊关系谈起。卢见曾的长子叫卢谦，生于 1713 年，比纪晓岚大 11 岁，卢见曾的孙子卢荫文，这个人可是一个非常了不起的人物，很有学问。自从 1789 年考中进士以后，官衔直线上升，但是他这个人的脾气秉性跟谁比较相似啊，跟袁枚比较相似，当了几年官不当了，虽然当得很好但我不当了，游山玩水去了，再不当官，拒绝出师，就是玩儿。

卢荫文何许人也？卢荫文是卢见曾的孙子，也是纪晓岚的长女婿，纪晓岚的大女儿便是嫁给了卢荫文。所以，话说到这儿，我们就知道，如若纪晓岚得知消息的话，他一定会将消息走漏给卢见曾。那他是怎样走漏消息的呢？这一点我们人家都知道，说纪晓岚得知实情之后，得知皇帝要查处卢见曾家之后，有两个版本的故事，《清史稿》上都没有这个记载，这个纪晓岚，怎么走漏消息，《清史稿》上没有记载，谁记载这个啊，是教人学坏呢。《阅微草堂笔记》上也没有记载，所以您查这两本书没用。您查什么才能有呢？只能查野史，《清朝野史大观》里面，有一个非常生动的记载，这只是其中之一。

在这个记载中，纪晓岚得知消息以后，想来想去我怎么办呢？有了主意之后，拿了一个空信封，里面装了一把盐，装了一把茶叶，把它封上，派人送到卢见曾家，卢见曾一看，开始很不理解，什么意思啊？想了想，恍然大悟，盐，盐案；茶，查封，盐案亏空查封。这个信封一个字没写，卢见曾便破获了这个无字信之谜——盐案亏空查封。

中国从汉朝开始，国家的税收除了向老百姓征的人丁税、地税之外，最主要的收入有两个，一个就是卖盐的收入，一个就是卖铁的收入，从唐朝开始，增加了一个，就是卖茶叶的收入。盐、铁、茶，这是官营的三大支柱，是收入的三大来源。而且这三大来源之中，最重要的一个来源就是盐。它跟铁不一样，我们家有铁农具，可以使好几十年，盐是每天都要吃的，所以盐在这三个里面，是最重要的。国家非常重视这个盐。卢见曾知道这个事以后，他很快就转移了全部的家当。

野史上还有另外一种说法，不是一个信封、一把盐、一把茶叶，而是说当时纪晓岚看到这个消息情况紧急，立即在一个小孩子的手上写了一个字，“少”，你去给我走到卢见曾家，见到你卢爷爷，让他看一下手上这个字然后洗掉完事。卢见曾一看，手，少，抄，哦，要抄家。

不管这两种说法哪一种说法是真实的、是正确的，但是它至少证明纪晓岚这个人非常聪明。遗憾啊，这个聪明用得不太是地儿了。还有个问题，诸位，不知道您想到没有，纪晓岚，他一个翰林院的侍讲学士，一个从四品的官，他打哪儿知道卢见曾案盐案亏空要查封呢？谁告诉他的呢？野史上没有记载，正史上也没有说明，这就成为一个无头公案。后来我考证了半天，我从和纪晓岚同朝为官，同一年考中进士的情况中一步步排查，最后我认定告密者便是王昶，为什么是王昶呢？我的证据在哪里呢？

王昶出生于 1725 年，1754 年考中进士，我说到这儿的时候，诸位有没有一种想法：哎，跟纪晓岚同一年考中进士，太巧了，两个人是极好的朋友，这是我的证据一。同年考中进士，很多的巧合，巧合还远远没有结束，还有第二个巧合。

王昶考中进士之后，不像纪晓岚那样就进了翰林院了，他没有，他是应当时的一个很有名的文人叫秦蕙田写书。秦蕙田写了很多书，但是有一本书因他岁数大了，老了，写不下来了，写不过来了，自己应了人家差事，没工夫写怎么办呢？就转托给王昶，你替我写一本书，这本书的名字我都给你定好了，我应人家的《五礼通考》，你给我三年写出来，我给你多少钱。王昶没有为官，而是去替人写书去了，写完书之后他就应该回去当官了吧，他仍然没有当官。他又应当时的两淮盐运使卢见曾之邀请，跑到卢见曾家教卢见曾的几个孙子去了。更为巧合的是，他教的卢见曾的孙子最大的便是卢荫文，卢荫文是王昶的徒弟。卢荫文又娶了纪晓岚长女。王昶、卢见曾、纪晓岚，就这么神奇地走到了一起。

但是，仅有上述证据还不足以说明王昶是告密者。因为什么呢？你没有条件啊！别着急，1757 年，王昶开始为官，在翰林院当一个很小很小的官，不值得一提，但是，到 1767 年，王昶升官了，升了一个什么官呢？他担任的官职是刑部郎中。

王昶在 1767 年担任的官职便是刑部郎中，官不大，正五品。纪晓岚从四品，上下差半级，官不大，消息灵通，而且王昶这个人就是直接主抓卢见曾案的，现在我们再把前面的经过，完完整整地叙述一番。我们可以看到，新任两淮盐运使尤拔世，看到国库亏空，立即上报皇帝，皇帝立即命令刘统勋查，刘统勋把这个案子交给了王昶，王昶连夜就告诉了纪晓岚。纪晓岚又马上用一个信封，在信封里装了盐，装了茶叶，什么都没写，就把查封亏空案的消息给传出去了。然后，卢见曾家转运财物。一件大案就这样做好了。

提起王昶和纪晓岚的交情，是多好的交情啊。乾隆皇帝知道是纪晓岚告密之后，非常生气，立即下令，查。那么在正史上没有说是谁来审讯纪晓岚，野史上对此可有个详细的交代，谁来审讯呢？

3．刘统勋受命办案

乾隆皇帝命令刘统勋来查这个案子。那么刘统勋真的是这个案子的直接经办人吗？如果真的交给了刘统勋的话，他会不会利用他在满汉大臣中的崇高威望为纪晓岚求情？我们要知道，刘统勋当时担任的官职太多了，如尚书房总师傅、翰林院的掌院学士、东阁大学士兼首席军机大臣，如果他来出面保纪晓岚安然过关的话，那纪晓岚会不会就逃过这一劫呢？难道审案子的人真的是刘统勋吗？

我们还得去查一下。这个案子的审案人是不是真的是刘统勋？判断是否是刘统勋，并不难。我们查一下 1768 年这一年，也就是清乾隆三十三年这一年，刘统勋担任什么官职就可以了。在 1765 年的时候，他兼管刑部，他不是直接管，他兼管刑部，直到1768年，他仍然担任刑部尚书，果然是他，而且后来的史实证明，这一年，由于他处理某个案子得到皇帝的欣赏，皇帝还给他题了一个四个字的匾额呢。看来，纪晓岚通风报信案的直接审问者便是刘统勋。

问题就出来了，刘统勋会不会与大臣勾结，保自己的学生呢？毕竟纪晓岚是刘统勋的门生。纪晓岚虽然是天子门生，但是刘统勋点出来的。会不会呢？历史证明，刘统勋不会做这样的事。刘统勋本人一生刚正不阿，如果他做了这种事，他就不会在死后得到整个清朝历史上给文臣的最高谥号，最高谥号是“文正”。在所有的满、汉大臣中，从时间顺序看，刘统勋是第二个得到“文正”这个谥号的。

刘统勋不会帮助自己的门生安然渡关，那么现在的问题是，他手下的大臣是否会帮助纪晓岚渡过难关呢？两个方面的问题导致当时朝廷中的大臣没有多少人会帮助纪晓岚，一方面，由于纪晓岚这个人有些尖酸刻薄，有些偏激，有些讽刺多于幽默，造成了纪晓岚得罪了不少朝廷中的大臣，所以这个时候，朝廷中的大臣多数都不是他的朋友，不会帮助他。

有的观众就会感觉，难道纪晓岚就真的没有一个朋友能帮他吗？纪晓岚的朋友不少啊：如刘墉，那个时候刘墉在翰林院当七品的小官，从七品，刘墉能帮他吗？能见得到皇上吗？七品官就见皇上啊，没那种可能啊！如董元度，每天出去游山玩水，这个案子案发的时候，他正在外地玩儿呢。也可能有人提及一个人，戴震。戴震这个人，他压根儿就没考上进士，你别看他学问很大，他没考上进士。他一生不得志，他没考上进士不是官啊。

所以可以看到，纪晓岚的朋友无非就是这几类，一类不好好干工作的朋友，没在身边；一类是知心朋友没当官；还有一类知心朋友王昶掉进去了，您说他这些朋友除了走的就是跑的，要么就是进监狱的，谁来帮他呀？朋友有，帮得上忙的朋友没有，其结果我们就可想而知了。

4. 纪晓岚发配新疆

纪晓岚倒了霉，被发配到了新疆乌鲁木齐。要说起来啊，纪晓岚被发配到新疆乌鲁木齐，这个也是活该，给我的感觉也是有点罪有应得。但是问题在于，犯案的其他人员如何了？卢见曾本人当时判定抄家，秋后问斩，不是立即处决，卢见曾本人没有熬到秋后，他活到了9月就以周岁78岁的高龄去世了。所以，卢见曾没有受到任何处分，卢见曾全家也只是被抄家而已，所有的家人都没有进监狱，所有的家人都继续在那儿生活，一个都没有被发配。就把谁发配了呢？就把纪晓岚这个通风报信的人给发配了，您说这个时候，如何评价纪晓岚这个事呢？是不是责罚得有点太重了？有点重。皇帝有点狠了，皇帝下手如此之狠绝不是吓唬别人，这中间有一点，乾隆皇帝对于纪晓岚本来就讨厌，好不容易看到你有才，把你留在身边，你还这样做，我就更加讨厌你。

但是，我们可以看到，纪晓岚最终被发配，没有什么朋友帮他说话，这是他本人长期积累下来的恶果。

三、《四库全书》的编纂和刘统勋之死

1.《四库全书》的编纂

前面我们说到了乾隆皇帝想编纂《四库全书》，他任命翰林院的掌院学士、大学士刘统勋担任总裁。但是乾隆皇帝知道，他手下缺乏一个总纂官。

在这个时候，刘统勋一想，干脆，向皇上推荐我的门生纪晓岚吧！

可这纪晓岚被皇上发到新疆去了，他因为“泄盐案”发配到新疆去了，但是这件事只有他能行，我早就想把他赎回来，没机会，皇上编纂《四库全书》，正好他合适。那我可不能把我的心思在皇帝面前暴露，我得让皇上急，我不急。

所以，刘统勋是这样说的，他说：“圣上乃真龙天子，当朝以后天下太平，四夷臣服，可谓国泰民安，万民乐业，为旷古未有之盛世，文治武功，皆胜于往昔，今圣上创千秋之伟业，成万世之宏章，地辅天助，定早已降下堪当此任的辅臣。只是老臣愚钝不慧，不敢贸然荐举。”

刘统勋这段话的意思是什么呢？前面吹捧了乾隆皇帝一番，说你功劳

很大，现在你想办一件什么事呢？这件事很伟大，就是编纂《四库全书》，他把《四库全书》的意义说出来了，两句话，叫创千秋之伟业，成万世之宏章。千秋万代都没有干过这个事，您现在干了，您既然有这个想法，那老天爷早就派人辅助您干这件事了，就是我傻，我不敢告诉您是谁，我知道我不能说。

乾隆一听，你知道你还不赶紧说？赶紧告诉我吧，你就别卖关子了，这个时候刘统勋又说了这么一句话，说哪个朝代都有杰出的人才，但是编《四库全书》这个事，哪个朝代的杰出人才他也干不了，为您编纂《四库全书》的这个人，好几十年前就出生了，他也一直服侍过您，后来您也忙，他也忙。您忙着治国，他忙着犯案，最后他就离您远了，您就想不起他来了。

乾隆皇帝一想，我这么多年发配出去的人太多了，谁呢？想半天没想出来，这个人是谁你赶紧说吧。

这个时候刘统勋才说，哎呀，这个人就是学富五车、才高八斗的纪晓岚啊。皇上一想，哦，你给纪晓岚讲情来了，敢情纪晓岚是你的门生，他考试那年是你主考，你的门生，难道你是给他讲情不成，皇上的脸立马就拉下来了。

这个时候刘统勋又说了这样一段话，“臣蒙圣上恩宠，处于高位，自当鞠躬尽瘁，报效万岁龙恩，几十年来臣以国事为重，忠心耿耿，今万岁求贤若渴，臣若知而不言，埋没了人才，岂非罪在不赦。臣尝思古人名言，内举不避亲，外举不避仇”。他把这两句话给说出来了，内举不避亲，外举不避仇。现在您想成就这么大的一番事业，我个人觉得就只有纪晓岚可以做到，别的人办不成这件事，所以我就给您推荐纪晓岚了。我觉得这件事天生就是让他干的，而且后面还有呢，纪晓岚经常给我来信，不敢给您来信，信中说他也后悔了，为当年的案子后悔，现在也积极地效力边疆，愿意为皇上分担一些忧愁。

皇上这个时候就想，也是，这宫里头三年没有纪晓岚，连跟我做对子的人都没有。您想想哪儿有，刘墉那阵儿在外地当官呢，纪晓岚发配了，和珅出生了，但是他还没爬上来呢，他还当他的侍卫呢。结果刘统勋就这样把纪晓岚巧妙地给调回了北京。

纪晓岚回到北京，搭台子开始为《四库全书》正式组稿，当然正式组稿就需要几年了，《四库全书》正式开始动笔之时，这《四库全书》的总裁刘统勋死了。

2. 刘统勋之死

刘统勋是怎么死的呢？

话说 1773 年 11 月的一天，这是旧历，刘统勋早起上朝，结果轿子就停到了午朝门外，当时轿子一偏，刘统勋已死在轿子里，我们现在来说，他的死因应该是脑溢血。

乾隆皇帝听说这事以后很伤心，立即备轿去刘府。结果到了刘府的门口发现轿子进不去，没办法，皇上说我也不能下来，把轿顶拆了，这样轿子才从刘家的小门进去。刘统勋，一品官员，那个门儿那么小，我们知道北京四合院的门是有级别的，刘统勋的级别是很高的，那个门应该是很宽的，但是刘统勋他们家门很窄小，结果乾隆皇帝吊唁回来，还没走到乾清门就哭起来了，说了下面一段话，"朕失一股肱，如统勋乃不愧真宰相"。要求所有的官员向刘统勋学习，特地给刘统勋一个谥号"文正"。中国古代不管是皇帝还是大臣，死了以后都要由继位的皇帝和大臣进行评议，对他这个人的一生要进行一番评价。评价完了以后要给一个评语，要是皇帝他的评语有好几个字，要是大臣就只有两个字。如果这个大臣没有考取过功名，是纯纯粹粹的武将，那么这个大臣死后的两个字的评语中，第一个应该是"武"，比如说我们讲的著名的人物岳飞，岳武穆，武穆两个字就是谥号。如果是文臣，考取过功名的，即使你是武将，死后也应该"文"字打头，但是大清朝规定，这个"文"字不是所有的人都能用，你必须在翰林院里待过，必须得是翰林出身，这才能是"文"。

"文"字怎么讲呢？道德博文。第一，思想品德很好；第二，才是知识丰富，这样才叫"文正"。

大清朝 296 年的历史中，有几个人死后的谥号是"文正"？一共有 8 个人死后谥号是"文正"，刘统勋按照得到谥号的先后顺序来讲，他是第几个？他是第二个。我们日后讲的曾国藩，他死后谥号也是“文正”，大清朝总共有 8 个，刘统勋是第二个。这 8 位“文正”公分别是：汤斌、刘统勋、朱珪、曹振镛、杜受田、曾国藩、李鸿藻、孙家鼐。

3.《四库全书》编纂完成

刘统勋去世之后，《四库全书》还在继续编纂。为了编纂好这一中国历史上空前绝后的鸿篇巨制，纪晓岚做了下面十大工作。

第一，协调调度人员。

当这项浩瀚的文事工程摆到他面前时，纪晓岚已近 40 岁。在总纂官之上，有二十几个“正副总裁”；在总纂官之下，有 360 余人任编纂，总共 4300 多人参与，设“总阅”“总纂”“总校”“提调”“缮书”各处，分别在翰林院及武英殿展开工作。其编辑规模之大，恐怕在全世界亦属空前。因此，分配协调人员，把每一个人安放在合适的工作岗位，就成为纪晓岚首先要解决的一个工作了。

第二，收集史籍材料。

在纪晓岚的建议之下，乾隆皇帝下令建四库全书馆，并且在全国范围内开展大规模的搜集图书活动。为此，乾隆皇帝特地发布上谕：“择其中罕见之书，有益于世道人心者，寿之梨枣，以广流传，余则选派誊录，汇缮成编，陈之册府。其中有俚浅讹谬者，止存书名，汇为总目，以彰右文之盛。此采择四库全书本旨也……所有各家进到之书，俟校办完竣日，仍行给还原献之家……钦此。”

这个时候圆明园的里里外外，到处停放着满载书籍的大小车辆，收掌官挥毫登记造册，差役们手抬肩扛，将成捆成箱的书籍搬运到临时存放图书库内。纪晓岚忙而不乱地指挥着众编修，将一捆捆书籍拆开，分门别类，分到经、史、子、集四库。

乾隆皇帝甚为欣慰，于是下令嘉奖献书大户。纪晓岚亦被列入进书最多者名单。

当然，也并非人人皆踊跃交书，如当时怡亲王府第藏书甚丰，有元刻本《中庵先生刘文简公文集》，因为收藏者不愿将书拿出来，后来只好从《永乐大典》中辑之。

第三，寻找《永乐大典》。

提起《永乐大典》，自清入关以来，并未见过这部整套的巨书，康熙曾多方寻找，始终未获。这一次为编纂《四库全书》，下了大决心找它，纪晓岚作为总纂官，当然更是希望早日能够得到了。

一日，一个姓朱的翰林跟纪晓岚开玩笑说："看来《永乐大典》大概是李自成攻占京城的时候，被他垫了马蹄子了！"

著名书法家、被称为淡墨探花的王文治，则郑重其事地向纪昀建议："事到如今，我看你不妨斋戒三日，祈求神来指点指点，也许会有奇迹出现。"

这建议不过是王文治在开纪晓岚的玩笑，要让这位日食数斤肉的纪晓岚斋戒三日，那简直是一种惩罚。但没有想到，纪晓岚果然一本正经地斋戒了三日。说也奇怪，就在纪晓岚斋戒后不到两天，宫中的小太监，在内廷继续寻找的时候，爬到"敬一亭"的顶架上，终于发现了尘封三百余年的一大批《永乐大典》的抄本。

说起来，修书真是很不容易的一件事。首先，就得过乾隆皇帝这一关。乾隆皇帝经常对《四库全书》的编纂工作发表高论，对编纂人员进行批评指导。

第四，应对皇帝干扰。

表面上看，纪晓岚豁达、乐观，能够左右逢源。但实际上他的处境仍然是非常艰难的。在四库全书馆编纂处，纪晓岚虽然名义上是总纂官，但是在他之上还有二十几名正副总裁官，乾隆皇帝还亲自干预，不断地谕示，要"朕亲批阅厘正"。一部书辑录完稿，待逐层交皇帝御览时，编纂人等便是提心吊胆，以待御批示下。据记载，一部书写好进呈时，往往还要在开卷首页故意留下一两处比较明显的错误，以便御览时易于发现改正。这样做是为了满足皇上比常人高一等的心理，这就是所谓的"钦定"。然而皇帝又哪里有那么多工夫用在书本上，于是来不及一一御览的错误之处，就在"钦定"的招牌下，"合法"地留下来了。乾隆对《四库全书》的评论也有该书"草率讹谬，比比皆是"的话。作为总纂官，对于此类情况，怎能不左右为难呢？

据记载，仅 1776 年一年就有过三次详细而具体的干预、谕示。可见乾隆对编纂《四库全书》督查甚严，书中谕示篡改之处也就很多。例如：凡是“胡”改为“全”，“虏”改为“敌”，“贼”改为“人”，“虏廷”改为“北廷”，“入寇”改为“入塞”，“南寇”改为“南侵”等等，不胜枚举。据云，乾隆皇帝编纂《四库全书》不用刻本，改为手抄，主要是为了易于篡改史籍，这个说法未尝没有道理。在编纂过程中，负责校勘的官员，遭受处分的人次，为数甚多。在乾隆四十二年，就有“馆臣校书错误应议，昀特旨免”的上谕。尽管纪晓岚得免议，但作为总纂官，他的思想心绪无疑是紧张的。

1777 年，乾隆帝命以哈密瓜颁赐四库全书馆诸臣，全馆 154 名大臣，联句讴颂，视为无上荣光。纪晓岚为《恩赐四库全书馆哈密瓜联句恭纪一百五十四韵》作序说：“此日分尝，真作逢春之草，恩逾常格。”

总之，乾隆对待当时知识分子的方法，就是恩威兼施，把许多人撵到四库全书馆，做编纂，搞“学问”，发扬汉族传统文化，使之在书海中消磨终身。如稍有逾越者，便杀一儆百。

第五，调节同僚矛盾。

编纂《四库全书》的工作人员，由于他们的师承不同，所以他们的观点也就有很大区别。因此，当时的四库全书馆内，学派分立。这样，在《四库全书》的编纂过程中，纪晓岚就要经常调节这些编纂《四库全书》的同僚们的矛盾。用今天的话说，还实在是有赖于纪晓岚的组织才能。

当时的四库全书馆内，尤其是经部馆内，存在着严重的“汉学”与“宋学”之争。

经部馆内的“汉学”占据主导地位。“汉学”是明末清初的著名思想家顾炎武开创的学派，其旨是尊重汉儒学说，研究古代典籍从文字、音韵、训诂入手，长于考据、校勘、辑佚、辨伪、目录诸学；反对穿凿附会，反对宋明理学家的空谈心性，主张以“实事求是”的精神来整理古籍，如实地反映古代社会情况而获得新的见解。其治学态度，较为切实，方法较为缜密，其缺点是繁琐，有时也远离实际。纪晓岚的好朋友布衣戴震在四库全书馆主持经部，他是力尊“汉学”的。因此，作为这一学派的延伸，四库全书馆就成了乾嘉学风的发源地，同时也是考据学的大本营。

但是馆内也不乏尊崇宋儒之人，这就是所谓“宋学”了。宋学与汉学意见时时对立，常常交锋。大名鼎鼎的翁方纲和姚鼐，就是汉学的激烈批判者。

偌大的编纂人群，英才荟萃，统领谈何容易？纪晓岚凭借自己的处事灵活和学识声望，一再设法让各学派互相尊重，学术之争归学术，不涉及个人，不同学派都要平心静气地讨论问题，所以馆内依然存在着宽松、和谐的合作风气。

纪晓岚主持四库全书馆十几年，无论是编纂工作本身，还是在处理上下左右的关系上，都面临很大的难题。值得庆幸的是，他总算顺利地走过了自始至终的路程，并获得极大荣誉。在全书编纂完毕时，他曾写过一首小诗《自题校勘四库全书砚》，在自嘲中表达了一种文人的自得：“检校牙签十万余，濡毫滴渴玉蟾蜍。汗青头白休相笑，曾读人间未见书。”

第六，承担死亡风险。

1777 年，纪晓岚的挚友戴震死于编纂《四库全书》的任上。

戴震是安徽休宁人，家境贫苦，常年以教书为业。纪晓岚的长子汝佶、次子汝传，都是戴震的门生。戴震性格耿直，28 岁方补诸生，而学业日进。1762 年考中举人，1773 年刘统勋推荐他进入四库全书馆，担任纂修，人称布衣戴震。

在馆供职期间，戴震勤于劳作，寒暑无闲。他对新进图籍，论次精审，所校《礼记》《水经注》，尤其精妙。在哲学体系上，戴震是 18 世纪的唯物主义思想家，他所著《孟子字义疏证》一书，借疏证孟子学说来阐述自己的政治和哲学观点，指出“人的正当欲望和要求是合理的，有欲的人不能说是有私，那些口头讲‘无私无欲’、‘去欲’和‘灭欲’者，恰恰是以此来实现其最大的‘私’”。统观纪晓岚的代表作《阅微草堂笔记》，在这个问题上，他们的认识是极其一致的。

戴震在 53 岁的时候去世，纪晓岚不胜悲痛，这对他的打击可说是非同寻常。

当时，像布衣戴震这样死于修纂《四库全书》任上的还有很多的名人，如陆锡熊、周永年等。每一次离别对于纪晓岚来讲都是一种巨大的刺激，都让他感受到修纂《四库全书》的辛苦。

第七，苦中寻找乐趣。

虽然，修纂《四库全书》是一件非常辛苦的差事，但是，纪晓岚等人也有苦中作乐的时候。最为著名的就是下面这件事情了。

某日，纪晓岚在翰林院与同仁校理《四库全书》，因时值盛暑，天气炎热，屋内又书籍杂错，密不透风，矮胖的纪晓岚素来怕热，只觉汗流浃背，遂脱下衣服，甩开膀子大干起来。不料乾隆皇帝忽然大驾光临，纪晓岚不及穿衣，又不能光膀迎驾，匆忙之中，只得躲藏在书橱后面。乾隆皇帝早已看见，因有心要开纪晓岚的玩笑，故佯作不知，示意群臣坐下，自己随意翻书。纪晓岚在书橱后面热得难耐，好不容易听得已无人声，便探出头来问道："老头子走了吗？"一时众人大惊失色，噤不敢言。纪晓岚发现气氛不对，这才看到乾隆皇帝仍端坐一旁，不觉也吃了一惊。乾隆皇帝总算抓住纪晓岚的把柄，一定要让他把"老头子"的称呼说清楚，否则，就要治以大不敬之罪。但见纪晓岚早已镇定下来，从容答道："万寿无疆谓之'老'，万民之首谓之'头'，昊天之子谓之'子'。'老头子'之称，实为尊敬之意也。"乾隆皇帝一听，立即转怒为喜，连连称赞，众人也无不折服。自此以后，"老头子"之称便不胫而走，逐渐传开，而纪晓岚幽默诙谐的品性，也为人们所津津乐道。

第八，分色区分类别。

《四库全书》编纂工作接近尾声的时候，大臣陆锡熊向乾隆建议：《四库全书》卷册数额颇多，经、史、子、集四类，若用不同颜色封面装帧，岂不便于翻阅？乾隆听取了这一建议，决定用象征四季的颜色来表明书的类别。

他认为经书居群籍之首，犹如新春伊始，当标以绿色；史部著作浩博，如夏之炽，应用红色；子部采撷百家之学，如同秋收，白色为宜；集部文稿荟萃，好似冬藏，适用黑色。

近年来，经人留意，《四库全书》所在七阁，现尚残存者，文澜阁的为绿、红、白、黑，与乾隆所讲一致；而文津、文渊、文溯三阁相合，为绿、红、蓝、灰。这究竟是什么原因，尚不得而知。

第九，放弃著书机会。

纪晓岚及其同僚也因纂修《四库全书》而饱尝文字所带来的窘迫，甚至家破身亡。本来，进行偌大一个文化工程，中间出现一些差错是难以避免的。只要尽心尽力，有错即改，加以完善就可以了。可惜纪晓岚他们面对的是乾纲独断、好大喜功的乾隆皇帝，一点点不完善之处带来的就可能是杀身之祸。在修纂《四库全书》过程中，总纂纪晓岚、陆锡熊和总校官陆费墀等人因有差错而遭到多次呵斥、交部议处、罚赔等处分。最后，总纂陆锡熊死在前往东北校书的途中，而陆费墀因无力负担江南三阁的修改费用而被革职，郁郁而终，家产被查抄，妻离子散。同僚和自己的亲身遭遇一定会给纪晓岚带来更深的感触，也使他真切认识到自身所处环境的险恶。他也就逐渐放弃了写书的机会。

《清稗类钞》中有一则纪晓岚轶事很值得回味。据说纪晓岚做翰林时，有一天起草文牍，文思枯竭，于是出屋顺着走廊散步。廊下有一个老兵正睡得香，鼾声阵阵。纪晓岚拍醒了兵士，问他睡得可好。老兵说很好。纪晓岚于是拿来一部书让他认字，老兵说不识字。纪晓岚这时若有所思地说："人生识字就是困苦患难的开端，你不识字，真正是快乐啊。"这则轶事不一定是真，但它所反映的心态可能跟真实的纪晓岚相距不远。纪晓岚 4 岁就跟笔砚结缘，后以文字走上仕途，却没料到文字也动辄给人带来杀身之祸，给他带来窘迫，有这种感叹自在情理之中。我们再回过头来看他"瑟缩不敢著一语"的现象，不正反映了他在专制君主面前那种战战兢兢的感受吗？

第十，成就千年梦想。

《四库全书》是中国乃至世界历史上规模最大的一套丛书。其编纂开始于 1772 年，1881 年第一部《四库全书》抄录完成。1884 年《四库全书》编纂工作完成，共计抄录了 7 部。这 7 部分别保存于故宫文渊阁、圆明园文源阁、沈阳故宫文溯阁、承德避暑山庄文津阁（上述被称为"内廷四阁"

或“北四阁”)；镇江金山文宗阁、扬州文汇阁、杭州西湖行宫文澜阁(上述被称为“江浙三阁”或“南三阁”)。

纪晓岚主持编纂的《四库全书》，对保存和整理我国古代文化遗产功不可没。据统计，全书共收录各种书籍达3503种，79337卷，存目达6783种。

纪晓岚成就了《四库全书》，《四库全书》也成就了纪晓岚。这既是纪晓岚的功劳，更是已经去世多年的刘统勋的愿望。

4. 刘墉回到北京

从刘统勋的谥号我们可以看到，乾隆皇帝对刘统勋的一生是非常肯定的。在这种情况之下，乾隆皇帝一想，刘家的人到现在为止，都离开北京了，不对，刘家还有一个，外放近20年了，不行，我得把他调回来，我不能让刘家的人都在外地。这样，他想起了谁呢？就想起了刘墉，这个已经在地方上为官二十多年的刘家的第四代进士。三年以后，三年，为什么三年，丁忧，刘墉的父亲刘统勋死了你得在家歇业三年啊，三年以后我一定要把刘墉调到北京来。三年以后，刘墉守孝期满，他终于要回到北京走马上任了。也就是说，他终于可以遇到和珅了，那么刘墉到了北京以后会与和珅发生哪些冲突呢？

第六讲 刘墉的出身和外貌之谜

看过电视连续剧《宰相刘罗锅》的人都知道，在《宰相刘罗锅》里，曾经演过下面一段：原籍山东的刘墉进京以后，首先做了六王爷的女婿，后来又拜皇太后为干妈，也就是说刘墉这个人，他的身份是很特殊的。如果从乾隆皇帝他的妈妈这方面来讲，刘墉是乾隆皇帝的干弟弟；可是要从乾隆皇帝的亲弟弟六王爷这儿来讲，那刘墉又是乾隆皇帝的侄女婿。

这里，就有个问题需要我们来回答：刘墉的身份真的是这么复杂吗？会有这种真实性吗？

要想回答这个问题，本身并不是很困难——只要看看《清史稿》就可以了。

我们还是从《清史稿》这本书谈起吧。

一、刘墉的出身之谜：从《清史稿》这本书谈起

1.《清史稿》的编纂

我还真的认真查询了《清史稿》这本书，我查了一下，没有这方面的记录，

也就是说，从历史上来讲，刘墉既不是乾隆皇帝的干弟弟，更不是乾隆皇帝的侄女婿，没有这么回事。

那历史上的刘墉到底与乾隆皇帝是一种什么关系呢？这您可别着急，随着问题的展开，我们后面会逐渐介绍到。

有的读者就发现，在我个人的著作中，会经常提到《清史稿》这本书。

我们讲清朝的大臣，经常会引用到一些史料。在引用史料的过程当中，最重要的一本书就是《清史稿》。

《清史稿》这本书，是我们研究历史，尤其是研究清史所必须看的一本书。因为这本书记载了大清朝从1616年努尔哈赤建立后金，一直到1912年清末代皇帝溥仪宣布退位，记录了这前前后后整整296年的历史。那这本书是什么人写的？它就那么可信吗？由于后面要经常用到《清史稿》这本书，我在这儿多介绍两句。

我们中国向来就有后一个王朝为前一个王朝修史的传统，比如说两宋、辽、金灭亡以后，元朝的统治者就由宰相脱脱亲自组织一批文人，组织一批写作班子，用了几十年的时间编写了《宋史》《辽史》《金史》这三本正史，其中《宋史》是我们中国二十四史中最厚的一本，一共有1000多万字。等到元朝灭亡以后，明朝又按照惯例，组织了一整套的写作班子来为元朝修史。等到明朝灭亡以后，清朝的统治者也依然如此，依照惯例组织了一批写作班子给明朝修史。

有的人就会觉得，后一个朝代给前一个朝代修史，会做到客观吗？

您别说，基本上还是比较客观的。

为什么要给前朝修史呢？我们知道，以史为鉴，可以知兴替。每一个王朝，其统治者都希望自己的朝代长盛不衰，都希望自己的王朝能够存在一万年、十万年，能够存在得越长远越好。所以，如何保证自己的王朝能够兴旺发达呢？历史的经验教训值得注意，这就是他们能够比较客观地为前一个朝代修史的重要原因。

所以等到清朝灭亡以后，中华民国也是依照惯例由袁世凯——中华民国的首任大总统下令，组织了一批前后约有100人参加的这么一个班子，前后用了十多年的时间，由中国近代著名史学家赵尔巽来领导，并成立了清史馆，专门负责撰写《清史》这本书。当时这本书是由政府出资，在北京修撰。

我们知道，他们修清史的时候，中国正处在战乱、军阀割据混战的状态。而北洋军阀政府内部又分成直、皖、奉三系，也是不断交战。所以，这就给清史的修撰工作带来了很大的困难，他们没有一个良好的环境去修史。一个前后只存在了十几年的北洋军阀政府就换了多任总统。所以，他们在非常困难的情况下，还在坚持写这本书。

但是，风云突变，到了 1928 年，北伐成功，张作霖在东北被日本人炸死，这件事就促成了清史馆的迅速关张。他们就不能再继续写下去了——因为他们失去了收入的来源，没有人再给他们资金的支持，也没有人给他们物质上的保证，更没有人给他们提供一个安宁的修史环境。所以这些人觉得非常痛惜：难道自己辛辛苦苦十多年，这么多人的成果，就这样丧失殆尽了吗？可是这本书还真的没有写完，只是草稿刚刚完成，也没有订正，也没有校订，从头到尾都没有看一遍，但是这些人还是觉得应该立即找一个出版社，咱们赶紧把它出版，别丢了，别散失了，他们自己也非常清楚，这个《清史稿》存在着很多问题，所以他们就不把这本书叫作《清史》，而是很谦虚地把这本书叫作《清史稿》。意思是这只是将来写清史的一个基本的稿，基本的手稿，不是定稿，所以它叫《清史稿》。

这本书共 536 卷，一共有 800 多万字。这本书上承 1616 年努尔哈赤起兵，下面一直写到 1912 年清王朝灭亡。有些以后的事它也写了：比如说 1912 年以后的事，它写到了 1917 年的张勋复辟，甚至写到了 1927 年王国维在昆明湖跳湖自杀，这些事它都写了。因为这两个人都赶巧了，都是清王朝的遗老遗少，所以这本书给我们提供了一个最基本的了解清史的素材，它写得非常丰富。这本书依据的是清朝很多很多的档案材料。清朝的时候就有档案，比如说《清会典》《清太宗实录》《清太祖实录》，就根据这些实录、会典，还有档案材料，编成这么一本书。

2.《清史稿》的功绩和问题

应该说从某种程度上来讲，这本书，一是资料比较翔实；二是史实比较恰当。但是这本书在修撰过程中也存在一些问题。

据专家们考证，问题主要有三个方面：一是政治观点不对；二是体例不一，前后体例不能互相照应；三是中间详略不得当。

中间这一点对我们百姓没有关系，对我们来讲就是两个方面的大问题，一个方面就是我们说的政治观点。

以前历朝修史，都能够做到比较客观地修史。比如清朝人修史，他会很客观地去分析，明朝，它为什么能够崛起？它为什么能够成功？为什么灭亡？他能够有一个比较恰当的分析。为什么呢？因为修史的目的就是为后人提供借鉴作用的。

但是《清史稿》这本书没有做到这一点。《清史稿》这本书，修史的这些人，无一例外都是清朝的遗老遗少，都是清朝的坚定支持者。尽管清王朝灭亡好多年了，他们仍然坚定地支持清王朝，所以他们不光是把李自成、张献忠叫贼，把黄兴、孙中山、秋瑾这些人也叫贼，也叫寇。

中华民国成立的这个清史馆修撰清史，结果呢，在《清史稿》中记述的中华民国的这些开国领导人，无一例外在这本书里都是贼和寇，这就是绝妙的讽刺了。

第二个问题，内容详略也不得当，比如孙中山，我们人所共知的一位人物，你去《清史稿》查，没有孙中山的传记；秋瑾，1907 年就死了，秋瑾应该在《清史稿》那里有传记吧，也没有。很多为了推翻清王朝作出很大贡献的人物在《清史稿》里面一点都没提到，你哪怕把他们作为“贰臣”、叛臣提到呢，在过去都是应该提到的。当然，这既是第一个方面问题——政治观点不对的表现，也是第二个方面问题——内容详略很不得当的表现。

我们老百姓能够看到的第二个问题，就是它的内容详略很不得当，很多我们知道很有名气的人物，但是在这个《清史稿》里面他的文字就非常之少，比如我们前面讲的和珅，《清史稿》两千字不到。和琳，两百字就解决了。这还是多的呢，很多人还都没有传记呢。有的人就是一笔带过，包括我们现在谈到的刘统勋和刘墉，在那里面的传记也是非常少的。

所以这就给我们带来很大的麻烦，我们要想研究这个人不能只看这本书，还要看别的书。

3.《清史稿》的磨难

《清史稿》这本书后来经历的磨难还真不少！

1928 年，南京国民政府——以蒋介石为首的南京国民政府所属的故宫博物院就接收了这拨人，也就接收了这本书。拿过这本书一看，就给他们定了 19 项大罪。这 19 项大罪第一项反革命罪，第二项反民国罪，第三项是史实错误罪，第四项是藐视先烈罪。给定了 19 项大罪，所以这本书就立即被查封了，定为禁书。

一直等到中华人民共和国成立以后才把这本书又重新标点、刊行。

我们知道这本书有很多错误，但是我们研究清史离开这本书又不行。

现在无论是大陆这边，还是台湾那方，都没有一本按照古代的二十四史这样的正史体例的清史传记著作，没有一本是符合的。

所以我们在研究清史的时候，尽管《清史稿》有这样那样的问题，我们还是要去看，还是要去参考。

我们刚才说到，那刘墉他不是六王爷的女婿，也不是皇太后的干儿子，这是真的，但是有一个问题是不可否认的，就是刘墉他们家和皇上的家族关系非常密切，这个可是真的。

他们的关系很不一般，也就是说，刘墉他们家绝不是普普通通的汉人的官宦之家，绝不是普普通通的家庭。

二、刘墉的外貌之谜：刘墉是“罗锅”么？

1. 科举考试的标准

提起刘墉我们大家都不陌生，很多人都觉得那个人是“罗锅”。有的人会问，这个刘墉真是罗锅吗？

刘墉是不是罗锅，这还真是一言难尽。为什么呢？按照科举考试的原则来说，刘墉不应该是罗锅。我们知道刘墉是科举考试出身，他本人也是进士出身。甭说清朝了，中国有科举制度之始，它就有报名的一些基本原则，我们现在高考不也有体检吗？你什么样的身体，适合什么样的工作，也得由医生进行鉴定。大清朝也是一样，大清朝参加科举考试的所有举子们，要想参加会试，因为会试你就要真的见到皇上了啊，那你就不能惊了圣驾，所以，它的标准是“身、言、书、判”四个字。

“身”，就是身体、相貌，要仪表堂堂，五官端正，这样你既不会惊了圣驾，将来为官的时候，惊堂木一拍也会有官威，这是“身”。

“言”指的是语言表达能力，口齿清晰，逻辑严谨，这样你在当官的时候，你断案子，才能让人听得清楚你说的话。

“书”是你的笔迹，字体。字体要漂亮，各朝不一样，有的朝代就兴大楷，有的朝代就兴中楷，但是乾隆朝就兴小楷，给你一支很小的毛笔，写小楷的毛笔，写一些字，这个字写好了，然后一看，字迹端正，上级能看得懂，下级能看得懂。

第四个标准就是“判”。思维的敏捷程度，你想报名考试，前面先有个智力测验，给你出一个难题，让你断一个案。你这个案子断得合格了进去，不合格出去。这就是我们所说的“身、言、书、判”四个原则，凡是经过了这四个条件的人，才可以参加会试，否则的话是不可能的。

所以从这个角度来讲，刘墉参加了科举考试，他就应该符合这四个原则。我们谨慎一点说，至少刘墉年轻的时候，在参加考试的时候他不是罗锅，不应该是罗锅。但是呢，他岁数大了以后是不是罗锅，已经当了官了，那咱还真不保险。说他年轻的时候不是罗锅，还有一个旁证。如果我作为举人连续三次参加会试，也就是考进士这个考试，中央主持的，连续三次，三次九年就过去了，我都没考上，可以单应一科，大挑，可以单报名。这个考试简单，没别的条件，就一个，相貌好看就行，好看和难看的标准是什么呢？这简单，叫“同、田、贯、日、身、甲、气、由”，八个字，“同田贯日”是一组，“身甲气由”是第二组。

所谓“同田贯日”，“同”，长方脸，您看您这长方脸挺好看，进去吧。

第二个，“田”，方脸，正方脸也可以进去，到最后再让人挑。

第三个是“贯”，脑袋特大，但是身子高啊，很高，个子很高，虽然脑袋大，但是由于身子很高，这个人也可以进去。

然后“日”，这四个字中最好的就是这个字，“日”，你长得不高不胖，不矮不瘦，正合适，进去。这四个字中最容易考上的就是这第四个字。

如果这四个字，您没有一个合适的，那后面四个字，只要你符合一条，您就不用进去了。

“身”指的是五官不正。这个“身”跟现在说的那个“身”不一样，是指五官不正。

“甲”，头大身子小，这叫“甲”，这个不能进去。

“气”，一肩膀高一肩膀低，现在咱们有很多小学生背的书包很沉，造成一肩膀高一肩膀低，这样的人，就不能进去。

第四个字“由”，头小身子大，撑不起那个小脑袋，没法当官。

符合后面这四个字的就对不起，您就出去了，就不能当官了。这样对于考上举人，没考上进士，连续三次都没考上的，凭借相貌出众也可以当官。

2. 刘墉是“罗锅”么？

你说那个时候，就挺欣赏相貌的。我们现在有很多招工的地方，招聘什么岗位的地方，也有的首先要过这个。

当然了，乾隆皇帝也是人，他自己的相貌好看不好看不由他定，没办法，爹妈给的。但是他身边的人的相貌，他可以进行选择，在学问同等的条件下，我为什么不能挑点漂亮的搁我身边呢？所以这是乾隆皇帝想到的一个问题。

从这个方面来说，在乾隆皇帝身边的人，相貌都应该挺好看的，都应该是仪表堂堂的。历史也恰恰证明乾隆皇帝身边，还真是好看的人居多。他在很多情况下就是以貌取人，除了咱们前面讲的和珅、和琳兄弟俩之外，还有福康安他们家，每一个人都很好看啊，要不然乾隆爷为什么把自己的女儿嫁给福康安的哥哥啊，福康安他们家每一个人长得都挺好看，此外还有吗？还有啊，比如说王杰，这都是因相貌好看，当然咱不否认他有才，在大家才学都差不多的时候，这些人能够升迁原因就在这儿。所以乾隆皇帝身边的人，都应该是比较好看的，从这一点上来说，刘墉应该不是罗锅。

“罗锅”这俩字，还真的有个来头，还真是皇上给说的。但是哪个皇上说的呢？你看，这个《宰相刘罗锅》里面，还有说书里面，都说这个“罗锅”是乾隆皇帝赐封的，说乾隆有一天拿刘墉开涮，赐封刘墉叫罗锅，而且还给刘墉题了一首诗，“人生残疾是前缘，口在胸膛耳垂肩。仰面难得见日月，侧身才可见青天。卧似心字缺三点，立如弯弓少一弦。死后装殓省棺椁，笼屉之内即长眠”。这是乾隆爷寒碜刘墉的，还要让刘墉还他一首诗，我都给你写一首诗了，你也得给我写一首诗。哎，说书的人说刘墉是这么说的，他是这么想的，哎，管他寒碜不寒碜。先说“罗锅”俩字，一年两万块钱啊，咱们前面讲，刘墉的父亲刘统勋谥号“文正”，那两个字也是世代要享受钱的，这可不是假话。

咱们刚才讲吏部有一个抚恤金，凭的就是这个字来抚恤。他一想，哎，皇上赐封我为“罗锅”，“罗锅”俩字也两万两，一年两万两啊，一个字一万两，好吧，罗锅就罗锅吧，我也不能跟皇上顶着啊，皇上让咱写诗，咱也写一首，立即提笔就写了一首诗来回复皇上。这首诗是这样写的：“驼生脊背可存粮，人长驼背智谋广。文韬伴君定国策，武略戍边保家邦。臣虽不才知恩遇，诚蒙万岁赐封赏。别看罗锅字不多，每年得银两万两。”这首诗是不是他写的咱不敢说，为什么呢？还有另外一说呢，他面对着皇上给他这个诗，他是这么写的：“背驼负乾坤，胸高满经纶。一眼辨忠奸，单腿跳龙门。”他说的是四种残疾人。

第一种残疾人是驼背。第二种残疾人是肚子比较大，长得比较胖，大腹便便。第三种人是独眼。第四种人是单腿。他说这四种人都是好人，然后下面还有四句话呢，叫“丹心扶社稷，涂脑谢皇恩。以貌取材者，岂是贤德人”。有人说这诗是刘墉写的，刚才那诗只说了一个驼背，这首诗把几种残疾人都写进去了，人家考证完了之后说，刘墉写的应该是后者。不过至于哪个是刘墉写的，我觉得哪个都不像，我觉得都是传说。但是刘墉这罗锅还真是皇上说的，但这个皇上不是乾隆，是乾隆的儿子，嘉庆。说的不是“罗锅”两字，说的是“驼子”，史书上就这么写的，嘉庆说刘墉叫“刘驼子”。嘉庆皇帝继位的时候，刘墉多大岁数了？快 80 岁了！刘墉他们家祖孙几代就刘墉的父亲短寿，75 岁，其次就是刘墉，80 多岁就死了，他们家人都 90 多岁才死的。你想刘墉近 80 岁了，似乎感觉也该驼背了，所以从客观上说，刘墉到了老年，驼背应该是真的。

可见，从形象言之，历史上的刘墉与民间传说和文艺作品中的刘墉并不一致。那么，从为官行事的角度看，历史上的刘墉是不是像剧作家描写的那样清廉干练，不畏权势，是不是真的能将大贪官和珅戏弄于股掌之间呢？我们还要从刘墉考中进士、开始为官说起。

第七讲 刘墉与和珅斗智之谜（一）

一、刘墉考进士之谜

1．刘墉是否聪明

刘墉这个人在他们家族的历史上，考中进士、开始为官应该说是比较晚的。刘墉的祖父刘棨是1657年出生的，1685年中进士为官的时候是28岁；刘墉的父亲刘统勋生于1698年，1724年中进士为官的时候是26岁；刘墉1719年出生，1751年中进士为官的时候是32岁。他不但比他的爷爷和爸爸考中进士、开始为官的时间都要晚一些，比他的侄子考中进士、开始为官的时间也要晚一些，他的侄子是27岁考中进士开始为官的。

刘墉这个人比较怪，我们能考证出来的第一件事是他1719年出生的。第二件事，1751年那年他参加科举考试，32岁。从1652年到1814年，这162年间，他们家出了11个进士，35个举人。在这11个进士中，一多半考中进士的年龄都比他年轻。他比他的祖辈比不过，比他的孙辈也比不过。

2. 刘墉没有考中状元之谜

1751年，这一年诸位记着，和珅一岁了，刘墉这个人考进士，而且一下子就考上了，直接就考中进士并且就到皇帝面前了，到皇帝面前就直接点状元、榜眼、探花去了，当时有很多人给皇帝提建议，建议点刘墉为状元。

当时，有两个人表示反对，第一个人就是刘墉的父亲刘统勋。第二个人是乾隆皇帝，这样做不行，别说他是状元了，探花都不行，刘墉这张试卷定在十名开外。

应该说他的文章没有什么问题，即使点不上状元，点探花应该没问题，但是为什么刘墉的父亲和乾隆皇帝两个人都反对呢？都不让他当这个状元或者榜眼或者探花呢？其实有他们自己的考虑。

刘墉的父亲刘统勋是怎么考虑的呢？

他会想到，我这个人今天弹劾这个，明天收拾那个，在朝中所有的汉大臣里面，我官职是最高的，在我之前汉大臣没有一个当军机大臣的，我是唯一的一个，何止唯一的一个，所有军机处的官员都归我一个汉族人管。我得招多大的忌恨，把我儿子点成状元，得惹多少事？点成状元，将来留在北京当官，人家不看着我，人家就天天盯着我的儿子，他哪件事办得不好，哪件事办得有问题，天天借着我儿子弹劾我，得了，不行，你啊，也别做状元，也别做榜眼，也别做探花，你就做一个普通进士得了，普通进士没有留京资格啊，这样你就到外地当官去了，到外地，天高皇帝远，这是一。第二，谁不知道我啊。我儿子待在你那儿你敢惹吗，你也不打听打听我是谁？

乾隆皇帝也不同意，为什么呢？他的出发点也与刘统勋是差不多的，他想我这么重用一个汉人，我再重用他儿子，知道的人觉得，他儿子很有本事，文采很好，字很好，文章很好，不知道的这就是走后门啊。我再把刘墉留京，刘统勋再照顾他儿子，将来不利于刘氏父子忠心耿耿为我工作了，不行，刘墉这个人不能点上状元、榜眼、探花。第二，有他爹在这儿一天他就不能在北京工作，发出去。当然了，也不是直接就发出去，他还得在北京锻炼几年，所以，刘墉这个人在1751年考中进士之后就直接进了翰林院了，不进翰林院怎么封“文”字啊，谥号怎么有“文”字啊？刘墉的谥号是“文清”。从最小的庶吉士，翰林院的小秘书开始，后来逐渐地往上熬。后来呢，他的父亲有一件事没办好，于是借故就给刘墉发出去了，从此他一直就在外地为官。

二、刘墉与和珅斗智的故事

我们现在先说说刘墉回到北京以后，时间已经到了1776年了。他先在北京干了两年，结果皇上又让他出去了一次，真正长时间地住在北京是在1782年以后。

1．刘墉给和珅拜年

从历史上来讲，刘墉回到北京以后，他还真的与和珅开过玩笑，逗过闷子，给和珅出过丑。这种事对刘墉而言，是屡见不鲜的，出出难题，寒碜寒碜和珅，这种事刘墉敢做。有很多史书上都记载着刘墉寒碜和珅的一件事。

说有一年的大年初一，这一年甭说了，也得在1780年以后了，就是和珅与皇上定亲了以后。刘墉心想，到大年初一了，和珅准定得去拜见皇上，得给皇上磕头去。他给皇上拜年去，准定得从我们家经过，和珅那阵就住在现在咱们所说的恭王府，离皇宫很远，他准定得从刘墉家门口儿过，刘墉心想我得难为难为他。大年三十刚下过雪，雪半化不化，路上很泥泞，刘墉一想，找家人，在门前泼几盆脏水，这几盆水一泼，这个道就越来越泥泞了。刘墉吩咐下人们，你们看着啊，待会儿等和中堂来的时候告诉我一声，你们要大声地喊“和中堂给您拜年来了”，请大声地叫我，我在里头待着。然后和珅坐着轿子就来了，下人赶紧就喊“和中堂好，和中堂给咱们拜年来了”。主人还不赶紧出来，一瞅，好家伙，刘墉穿得破破烂烂。刘墉出来以后，见到和珅的面，刘墉可比和珅大31岁啊，刘墉见和珅一来，立马就给跪那儿了，梆梆就磕头，您和珅承受得起吗？和珅一想咱们同朝为官，就说我比你官大点也不至于这样，您跪那儿我也跪那儿吧，梆梆就还礼。刘墉穿了一身破衣服，人家是有意的，你那身衣服是见皇上去的。所以和珅的衣服被弄得很脏。怎么办呢？只能回去换衣服，这回再给皇上拜年就不是早年，就是晚年了，就比别的官员都晚了。皇上就问，每年你都抢着第一个来，今年你怎么来得这么晚？和珅说您还说呢，还不是那刘墉，您也不收拾收拾他。当时乾隆皇帝回答，刘墉那个人开玩笑惯了，他跟谁不开玩笑？我处置他处置不过来，他爱跟谁闹跟谁闹，你看着办吧。

这种事，不见得是真的，但是刘墉与和珅之间如果发生这种事，一点都不奇怪。历史上就记载，刘墉这个人，极好跟人家开玩笑，极诙谐的一个人，我们后面也会讲到他写的那些对子，所以这种玩笑、要弄和珅的事，历史上应该发生过。

2．刘墉不可能轻易与和珅斗智

刘墉与和珅真刀真枪地公开对着干，这种事应该没有发生过。为什么没有发生？两个原因：一个原因就是刘墉他们家给他留下来的是一个家业，刘墉有守成思想，就造成刘墉在为官上，年轻的时候很正直，岁数越大就越变得圆滑了。他这个人做官在正直方面不如他的爷爷和父亲。有证据吗？有啊，最简单的一个证据就是刘墉 80 多岁死了，皇上和大臣给他议论的谥号，这两个字不是“罗锅”，是“文清”，“清”是什么？大清朝的“清”，清官，清廉。是正直吗？不是，清官那意味着我没贪污，我做到了出淤泥而不染，我是洁白无瑕的，刘墉死后这个谥号就是他本人不如他的父祖做官正直的一个证据。

此外另一个原因，就是刘墉与和珅两个人从官位上讲，刘墉的官位没有超过和珅，他一直比和珅的官职低。

3．刘墉与和珅的官位比较

我们找几个特定的年份来比较一下。第一个年份是 1776 年，这一年美国建国。看这一年和珅和刘墉的官职，首先看看我们关心的刘墉。刘墉在这一年当的什么官？内阁学士。注意，不是殿阁大学士，兼南书房行走。南书房行走，什么官儿啊？这个官儿是一个从二品的官。南书房是一个房间的名字，它归谁管啊？归皇上自己管。南书房在紫禁城里面，离乾清宫的西南角不远，离乾清宫很近。南书房谁设的呢？康熙设的，设这个南书房干嘛使呢？康熙皇帝比较喜欢写字，吟个诗啊，画个画，康熙皇帝特别喜欢干这种事，所以他就觉得应该盖一个房子，在这儿写点字，还能够让大臣来，自己写字多没劲。所以他就在紫禁城里盖了这么几间房子，他喜欢的大臣就跟这儿陪他练字，逐渐地，康熙皇帝不经过六部，不经过内阁，不经过八旗，很多政令直接就在这儿，拟旨就拿出去执行了。所以南书房从康熙年间开始越来越重要，一跃就成内阁和六部之上最高的行政机构了，很多的政令都从这儿出，这是南书房。我们要注意在这儿当官的权力很大。咱们再说行走，行走是什么意思？行走是清朝官制中特设的一种官职。所谓行走，就是入值办事的意思。可以看出来刘墉这个官不小，看来皇帝很信任刘墉。

乾隆皇帝信任刘墉，但更信任和珅。咱们看看这一年和珅当的是什么官呢？和珅这一年当了三个官职，最重要的一个官职是军机大臣，还有一个官职是内务府的总管大臣，还有一个呢？是户部的右侍郎，相当于财政部的副部长。他这三个官职有两个是二品的，有一个是一品的。说起这个官职的品位，中国的官职从汉以后，一直比较流行九品十八阶，官员分成九品：一品、二品、三品，到九品，每一品又分成正和从。从就是副的意思，这样说九品一劈两半，十八个等级，叫九品十八阶。刚才咱们讲的南书房行走是一个从二品的官，而这一年，和珅当的官职，内务府总管大臣是正二品的官，两个人的官级差一级呢。内务府总管，就是皇帝的大管家，凡帝后的衣、食、住、行、用都由内务府管理。军机大臣是一个什么品位？这个品位很低，但是职权很高。这个军机大臣是军机处的一个官职，军机处是哪年建立的呢？不知道，说不准，有三个年代，现在专家还在讨论，在 1730 年前后，无非就是 1729 年或是 1732 年。也就是我们所说的雍正八年前后设立的，这个官职的设立，它本身的目的是为了对西北的叛乱分子用兵，镇压西北叛乱。军机，国家机密，不能所有的大臣都知道，雍正设立的，但是到乾隆年间，西北的叛乱平定了，那这个机构就应该被撤销了。

但是，乾隆皇帝可不想撤，这个军机处在哪儿办公呢？也在紫禁城里，在隆宗门那儿有一个特小、特简陋的房子，还是西房，朝向都特别不好，就在那儿办公。军机处只设两个官职，一个叫军机大臣，一个叫军机章京，每个官职有那么三两个人。军机处权力很大，自从有了军机处，南书房的地位就下降了。雍正和乾隆一般有事都去军机处，军机处办事有三个特点：一个是人少，就几个人；第二个就是办事效率很高；第三个特点是什么？颇得皇帝的重视，跟皇帝的关系是别的机构远远不能比的。皇帝在到军机处和军机大臣办公的时候，都是在紫禁城里，谁来站岗啊？诸位肯定想的是太监吧，错了，太监不得在军机处。不得在这儿站岗，离这儿 100 米开外。谁在这儿站岗呢？就是刘墉担任的左都御史，您担任的是南书房行走，似乎很重视，但是刘墉还有一个官职，都察院的左都御史，当比您年轻 31 岁的和珅与皇帝密谋事情的时候，您刘墉就只能在门外站岗放哨。您说，皇帝他器重谁啊？

1780 年，和珅在这一年担任了户部尚书，御前大臣兼都统，这三个都是从一品的官。皇帝又把他的最小的女儿——十公主——固伦和孝公主许配给了和珅之子丰绅殷德，两个人成了通家之好。而这一年刘墉担任了好多官，但都是二品官，直到 1781 年才担任了我们刚才说的从一品的都察院左都御史。

1784 年以后，和珅担任了很多官职，但都是一品官。这些官我们就不说了，我们说他的爵位。和珅这个人在 1784 年被册封为一等男爵，1788 年被册封为三等忠襄伯爵，1798 年又被册封为公爵。中国古代对大臣最高的封号有五种，公、侯、伯、子、男五等爵位，其中的公爵和侯爵都是超一品的官员，和珅 40 多岁的时候，就享受了这个爵位了，刘墉呢？刘墉在此以后担任了很多年的从一品的官职，直到 1797 年，也就是嘉庆年间，他才担任了体仁阁大学士，终于转成正一品了，终刘墉之世，他都没有能够进入军机处，他都没有能够得到爵位。所以我们说，刘墉与和珅叫板，与和珅斗智斗勇，似乎他还不够那个格。问题出现了，难道刘墉这个世代忠良，我们老百姓心目中的英雄人物就真的没有与和珅斗过智？

第八讲 刘墉与和珅斗智之谜(二)

一、刘墉比和珅官位低很多之谜

首先我们来解释一下，为什么刘墉的官职和品级，始终不能超过和珅的原因。其实说起来，刘墉比和珅大了30多岁，出道也比和珅早很多年，刘墉出道开始为官的时候，和珅才1岁。面对比自己小30多岁的和珅，刘墉的官职怎么会始终不能超过和珅呢？原因应该说主要有三个。

1. 所属民族不同

第一个原因，就是刘墉与和珅两个人属于不同的民族，刘墉属于汉族，和珅属于满洲人。

我们在这里不是宣扬民族优越论，但是我们必须把历史放到那个时代去思考。大清朝以少数民族入主中原，它首先欣赏的就是自己民族的人士。如果说他们两个人的水平学识不相上下的话，乾隆皇帝他希望任用的是和珅这个满洲人，而不是任用刘墉。这点我觉得是一个非常重要的原因。也是刘墉几十年来始终在官职和级别上不能超过和珅的一个重要原因，这是我们介绍的第一个原因。

2. 相貌不同

第二个原因，就是刘墉与和珅的相貌是不太一样的。

1782 年的时候，刘墉多大岁数？他 63 岁，而和珅呢，和珅在这一年才 32 岁，两个人的相貌应该说截然不同，一个很年轻，很英俊。正像我们前面所说的，和珅好歹也是“满洲第一俊男”，他的英俊潇洒是刘墉没有办法可比的。而刘墉本人，虽然不能说是罗锅，但是不可避免的，一个 60 多岁的人和 30 多岁的人从相貌上来说，是不能够相比的。

我们讲乾隆皇帝，他的身边充满着一些英俊漂亮的年轻人。比如说和珅，比如说和珅的弟弟和琳，比如我们讲的福康安，比如说董诰，比如说王杰，这些人都是有史实记载的。在他们的传记中都不约而同地说到他们英俊、漂亮、潇洒。乾隆皇帝喜欢英俊漂亮的年轻人。

3. 家庭背景不同

说到刘墉不敢与和珅叫板的第三个原因就是他们的家庭背景不一样。前面给大家介绍了，刘墉这个家庭到刘墉的父亲死的时候，他们家已经保了大清朝 120 多年了。从 1652 年，刘墉的曾祖父考中进士开始，120 年以来，一直是大清朝的忠实顺民。和珅这个家庭，他跟刘墉就完全不一样。刘墉这个家庭留给刘墉的任务是守成即可，不求突破。事实上我们可以看到，他也永远不可能突破，为什么呢？我们可以看到刘墉的父亲，他死后皇帝给他的谥号是什么？是“文正”。大清朝才有八个叫“文正”的。刘墉的父亲得到这个谥号从时间上来讲是在第二个。你们家能够辈辈都出死后被赐谥号为“文正”的吗？这是不可能发生的。所以刘墉自己也知道，这个家族给他留下的任务就是守成，就是保住这个家庭，让这个家庭世代有人做官，保住这个家庭能够在今后的朝代中不会衰落下去，就很好，就很了不起。就像刘墉本人所写的几副对子一样，我们听一听刘墉心中，他自己在想什么。我们来看一看他的对子。

4. 刘墉的对子

第一副对子我介绍的是什么呢？他们家里贴的最长的一副对子叫“粗茶淡饭布衣裳，这点福让老夫消受；齐家治国平天下，那些事有儿辈承担”。你看，在刘墉心中，他想的是什么？粗茶、淡饭、布衣裳，吃、喝、穿，我就想这个。那些齐家治国平天下，那是你们的事，是你们小辈的事。我这辈子就不想齐家治国平天下，我就是吃喝玩儿，这是刘墉想的。

刘墉还有一副对子也能反映出他的这种心理。这副对子说的是“山水有情娱永日，古今无尽寄长年”。说的是什么意思呢？哎呀，祖国的江山多美好，我天天玩儿，天天欣赏，我都欣赏不过来，这老天爷让我活一万岁就好了，这是他想的另外一个问题。

还有第三副对子，他说的是“闲中觅伴书为上，身外无求睡最安”。平常我既不能出去，在家里消遣的时候，以什么为消遣？看看书，睡睡觉，这是我的任务。

还有一副对子说的是，“有猷，有为，有守；多福，多寿，多男”。这个“猷”，是一个敌西的“酋”字，那边加一个“犬”字，它的意思是计谋。你看他的“有猷”，有计谋，“有为”，有作为，“有守”，有守成。我不求突破，用我的计谋、用我的工作来守住我的家业。并且要让我的家业怎么办呢？“多福，多寿，多男”。养一大堆男孩子。还真巧了，日后的刘墉居然没有儿子！

这就是刘墉，一个很现实的刘墉。

我们可以看到，刘墉心中想的就是如何让自己的家庭能够平平安安生活下去。

和珅能够这么想吗？和珅自幼父母双亡，他们家留给他的是什么，你不成功便成仁。

所以我们可以看到两个人的想法是完全不一样的。

二、刘墉的磨难和教训

1. 刘墉的磨难

刘墉一家四代，祖辈为官，四世为官，到刘墉这里，已经130多年过去了，到17世纪80年代的时候，他们家什么没经过？而和珅呢，和珅就必须把什么事情都要做好。所以我们可以看到，和珅必须全力以赴做好自己的工作，能够得到皇帝的欣赏，能够得到皇帝的赏识，我什么事都要做得比别人好，比别人完美，而刘墉绝不会想这些。刘墉认为，自己的本职工作做好就行了，有我们家的背景，皇帝早晚会承认我的工作的。俗话说得好，朝里有人好做官。这是我们讲的两个人是完全不一样的，和珅他能够做得出来的事，刘墉做不出来，他必须得为自己的子孙后代着想。

说起刘墉的家庭似乎与前面我介绍过的一个家庭很相似，什么样的家庭？大学士阿桂一家，也是世代为官。我们可以看到，阿桂从他的父亲阿克敦那里，看到的是什么？自己的父亲经常无缘无故、莫名其妙地就被人家弹劾。而且皇上连调查都不调查，弹劾就成功，昨天还是一品封疆大吏，转眼之间今天就身入牢狱了。这种事情在大学士阿桂家里是随时可见。阿桂，一个满洲人尚且如此，刘墉，一个汉族人，在那个朝代，刘墉想到的一定比阿桂想的还要深。

阿桂的处世原则是什么？我一定要提防那些像和珅、和琳那样年轻有为的人，他们有朝气，他们有前途，我们在相处的时候一定要提防年轻人，我们不能跟他较真。而且刘墉的家庭与阿桂的家庭相比，同样犯了一个案子，人家处理阿桂家的时候是什么样？处理你们刘墉家是什么样？这点恐怕不是诸位能够想得到的。难道刘墉家也曾经受过磨难吗？那个时代的家庭，哪一个朝臣之家是一帆风顺的？你刘墉家已经三代一帆风顺，能够永远一帆风顺吗？这是不可能的。你永远不得罪皇帝？皇帝总会找个碴收拾你，让你知道天多高，地多厚，否则你就快肆无忌惮了。所以在这个时候，我们可以看到，刘墉家的磨难是不可避免的。

刘墉一生很多磨难都是在他的父亲刘统勋那儿。刘统勋在朝廷上的位置是极高的，在汉人里应该是数第一的。但是我们可以想到，磨难恰恰发生在刘统勋身上。那一年是1755年，刘墉考上进士刚刚三年，在翰林院里，是从庶吉士到编修，好不容易熬到了侍讲，突然之间祸从天降。说起这个祸，很简单的一个事，甚至可以说，跟他们家都没有太大的关系，那么这个祸是怎么来的呢？话还得从新疆回部的阿睦尔撒纳谈起。回部，不是今天讲的回族，回部跟回族不是一回事。这个回部指的是维吾尔族，清朝管维吾尔族叫回部。在乾隆年间回部有一个首领叫阿睦尔撒纳，他发动叛乱，发兵一下占领了乌鲁木齐，在那个时候不叫乌鲁木齐，叫迪化城，当时的清军被迫后撤，被迫后撤到哪儿呢？有两个地儿，一个地儿叫巴里坤，一个叫哈密，巴里坤离哈密很近，两个城非常近。清朝的大军转眼之间，就从西面的乌鲁木齐退到东面的巴里坤和哈密。

我们知道刘统勋曾当过首席军机大臣，在1755年，正好赶上他前去新疆巡视巴里坤和哈密的清军驻地，也就是慰问而已。面临突然而来的后撤，他当时感觉形势非常危险，所以立即给皇帝写了一封信，信中建议放弃巴里坤，所有的军队退到哈密，重新准备，不与敌人做正面冲突，我们先准备一下，以逸待劳，等到敌人攻到哈密的时候我们再全力反攻。结果乾隆皇帝拿到这封信拍案而起，勃然大怒，命令立即将刘统勋给押回北京，抄家，刘统勋全家好几十口子人，立即投入监狱。也不审问，其实我们事后分析，乾隆皇帝想的是什么？乾隆皇帝当时非常担心的是刘统勋代表了汉族人的利益，而与代表回部利益的阿睦尔撒纳两相勾结，他非常担心的是这件事。而刘统勋作为军机大臣，他有权调动全国的军队，如果出现这种事情，这个大清朝可能转眼之间就会灭亡，这是乾隆皇帝的心思。

我们可以试想，如果这个前去巡视的人不是汉族人，不是刘统勋，而是一个满洲人，乾隆绝不会如此勃然大怒，也绝不会抄家。当然两年以后，刘统勋的家产还回来了。两年以后，乾隆皇帝也觉得自己有点过分，所以又将刘统勋和刘墉官复原职。但是，刘统勋就让儿子到外地去。所以当时刘统勋保举他的儿子去外地为官，不在北京待了。这件事给刘墉带来了很深刻的影响，虽然事情对于我们大家来讲可能会很小，但是在刘墉的一生中，却留下不可磨灭的印象。刘墉以后一生所有的经验、所有的教训、所有的为官原则，多多少少都与他曾经无辜坐牢、被抄家、家族瞬间就会灭亡，这件事有着或多或少的关系。

2. 刘墉的教训

刘墉从这件事中得到的教训是什么呢？他得到的是他为官处世的五条基本原则。第一条基本原则就是讨好皇帝，该出手时就出手。刘墉深深地知道，自己全家的小命危在旦夕，这个时候只要皇帝说放你就放你，皇帝说不放你，谁也不敢说放你，自己这个家庭之所以能够保住性命，完全是皇帝一时高兴。那我怎么能让皇帝高兴？我将来的任务就是千方百计地讨皇帝的高兴，讨皇帝的欢心。有人说，刘墉也是如此卑鄙的人吗？您在那个朝代，您能有别的办法吗？说起讨好皇帝，说起来容易做起来就太难了。1756 年的时候，刘墉已经身处外地了，连跟皇帝见面说话的资格都没有了，您讨好皇帝？怎么来讨好？

说实话，非常困难。他又跟和珅不能相比，和珅人家一长大了就是侍卫，人家是满洲人。您是一个汉人，您永远不可能当侍卫，您怎么样跟皇帝接触？我们说，刘墉的家庭帮助了刘墉。从 1652 年他的曾祖父开始做官到 1756 年，100 多年为官的经验，他们家传的东西告诉了他。

这件事我没做过，但是听说过，我知道应该怎么做。所以这个时候，刘墉本人的脑海就涌现出了三个字——“文字狱”。

三、清朝“文字狱”

“文字狱”顾名思义，因写文字而坐牢，写字还能导致坐牢吗？这是很常见的。在大清朝，少数民族入主中原，清朝统治者非常害怕汉族知识分子。所以他们时刻在提防着汉族的知识分子，你写的每一个字我都要过目，我都要看，我都要检查，有没有反叛的心。好了，刚才刮了一阵风，把我的书给翻乱了，这个时候，我一张嘴说出一首诗，两句“清风不识字，何必乱翻书”。好了，这清风的“清”是不是指大清朝的“清”？统统杀掉，统统杀头。你别活了，你辱骂我大清朝都是白痴吗？这种事就叫“文字狱”。好了，晚上没事我瞧星星，“抬头望见北斗星”，想什么呢？想大明朝呢？推出去杀掉，这就叫“文字狱”。在清朝这种文字狱太多太多了。

1．康熙年间的文字狱

清朝的文字狱始于顺治年间，尤以康熙、乾隆时期为甚。康熙在他61年的皇帝生涯中前后一共制造了多起文字狱。清代最著名的文字狱在康熙朝共有两起：一起是“明史案”。浙江乌程（今吴兴）人庄廷鑨买得同乡明大学士朱国桢的明史遗稿，邀集名士加以编辑，并增补明末崇祯一朝事，定名为《明书》，作为自己的著作。书中颇有犯忌之处，如直书清朝先人的名字，指斥明将降清为叛逆，又不着清朝年号，却用南明永历等朝的年号。书编成后，庄廷鑨已死，其父庄允诚为之刊行。不料有人告发，庄允诚被逮入京死于狱中，庄廷鑨被掘墓开棺焚骨，凡作序者、校阅者及刻书、卖书、藏书者均被处死。先后因此狱牵连被杀者共七十余人，被充军边疆者达几百人。

另一起是“南山案”。方孝标曾到云南做吴三桂的属官，后来投降清朝免死，著有《滇黔纪闻》等书。戴名世见其书，在所著《南山集》中加以引用，被认为有“大逆”语。其实二人著作并无什么诋毁清朝的“大逆”之语，只是方孝标的书中说到南明永历政权未可称为伪朝，戴名世的书中提到南明弘光帝及其年号，又揭露了康熙皇帝杀掉明太子的真相。结果此狱也波及数百人，戴名世被斩首，方孝标已死被戮尸，两家男子十六岁以上者均被杀，女眷等则被没收为奴婢，方氏同族人都被充军黑龙江。

2．雍正年间的文字狱

雍正在他当皇帝的十几年中，前后制造了几十起文字狱。

在文字狱方面，雍正皇帝的指导思想是借助文字狱整肃朝廷风纪，戒毖风俗人心。雍正一朝历时虽短，文字狱却很频繁，重大案件前后相望。雍正皇帝以其特有的敏感和深刻的用心，几乎对每一宗案件前后都极尽别出心裁之能事，从而在文祸历史上创造了不可磨灭的“业绩”。

雍正皇帝在处理文字狱方面主要分为以下3个方面：

(1) 惩戒与朋党有关的案件

这个方面主要的事例有以下几个案件。

① 汪景祺与钱名世案

汪景祺、钱名世是雍正文字狱的第一批受害者。他们的得祸是出于同一原因，即投献文字攀附年羹尧。

年羹尧是汉军镶黄旗人，进士出身而有用兵之才，征战四川、青海、西藏等地（当时川藏一带有叛乱），功勋卓著，康熙末年授定西将军，兼理川陕总督。他一向依附雍亲王胤禛，妹妹是雍亲王胤禛的侧福晋。雍亲王胤禛继位为雍正皇帝以后，年羹尧备受宠信，先后担任川陕总督、太保、抚远大将军等职务，爵封一等公，终因恃功骄纵、目无王法而失宠。雍正皇帝觉得留下他是条祸根，决计杀一儆百，于是一连串的打击相继出台。

雍正三年（1725 年）二月，天象出现“日月合璧，五星联珠”的奇观，臣僚上表称贺。身为川陕总督的年羹尧也依例献表。雍正皇帝从他的表文中找出两条毛病：一、字体潦草；二、成语“朝乾夕惕”写作“夕惕朝乾”。“朝乾夕惕”出自《易经·乾卦》卦词“君子终日乾乾，夕惕若厉，无咎”，意思是终日谨慎，写作“夕惕朝乾”意思不变。年羹尧贺表用变换词序的成语颂扬皇帝，雍正皇帝却认为年羹尧自恃己功，显露不臣之迹，其乖谬之处，断非无心。群臣闻风而动，发起了对年羹尧的围攻。同年四月，年羹尧调为杭州将军；六月，削太保，剥夺一等公；七月，黜为闲散旗员；九月，下刑部狱；十二月，议政王大臣弹劾年羹尧犯九十二条大罪，雍正皇帝令年羹尧自裁，家产籍没，亲族、同党或斩或流或贬，一大批人受到清洗、处罚。这就是著名的年羹尧案。

年羹尧死后，汪景祺被斩首示众。

汪景祺是浙江钱塘（今杭州）人，原名日祺，字无已，号星堂。他潦倒文场近四十年，虽然中了举人，却总与富贵无缘。雍正初年，他的朋友胡期恒任陕西布政使，是年羹尧的心腹。汪景祺前往探访，乘机投书拜谒年羹尧，做了年羹尧的临时幕客。汪景祺这次西游著有《读书堂西征随笔》二卷，献年羹尧收藏。年羹尧得罪抄家，随笔被缴进宫中。雍正皇帝读后咬牙切齿地在首页题字云："悖谬狂乱，至于此极。惜见此之晚，留以待他日，弗使此种得漏网也。"

《读书堂西征随笔》原本久佚。据民国年间故宫博物院刊印的残本，内有《上抚远大将军太保一等公川陕总督年公书》一篇，文内极尽谀颂，称年羹尧为"宇宙第一伟人"。又有"功臣不可为"一条，把历史上"狡兔死，走狗烹"的现象归罪于最高统治者。作者写道：

彼夫猜忌之主，其才本庸，而其意复怯。当贼寇昌炽时，望烽火则魂惊，见军书则股栗。忽有奇才异能之臣，起而戡定群凶，宁谧四海。捷书一奏，喜出非常，七宝庄严之殊礼宠遇之。迟之既久，则转念曰："敌人如此其横肆，兵事如此其周章，而此臣竟翦灭之。万一晋阳之甲兴，谁复能捍御者？"于是而疑心生焉矣；既而阅所上纪功册，某处斩首几十万，某处拓地几千里，某处招抚若干，某处虏获若干，心胆震惊，魂魄荡慑，于是而畏心生焉矣；既建奇功，复膺异数，位崇五等，礼绝百僚。内外臣工，以其为朝廷所重也，无不敬而奉之。谄佞小人，趋承恐后，长跪叩首，待之逾于常礼。而且题官则嫌其专擅，奏销则防其冒滥，叙功则憾其诈伪，卤获则谓其私藏，触处挂碍。争宠者又从而构之，于是而怒心生焉矣；彼自谓受恩既深，以忠荩为报国。怀光欲去卢杞，李晟思慕魏徵。而爱昵不可遽除，忠言不能入耳，反恨其无礼于君，恃功骄横，于是而厌心生焉矣。疑也、畏也、怒也、厌也，以此四者待功臣，有不凶终而隙末者乎？……虽由臣节之未纯，亦猜暴之主有以致之也。

这些文字似乎是向年羹尧敲警钟。

随笔有些条目对当时的官吏选拔制度和官场风气表示不满，据说还有诗讥讪圣祖"皇帝挥毫为值钱"。又非议圣祖谥号及雍正年号，所作《历代年号论》说"正"字拆开为"一止"，是不祥之兆，历史上凡以"正"字为年号的都没有好下场，如金海陵王（年号"正隆"），金哀宗（年号"正大"），元顺帝（年号"至正"），明英宗（年号"正统"），明武宗（年号"正德"）。

雍正皇帝批评所云"悖谬狂乱"，大概就指以上内容，但对汪景祺处罪的谕旨只称汪景祺"作诗讥讪圣祖仁皇帝，大逆不道"。于是汪景祺被处斩，枭首示众；妻子儿女发配黑龙江给披甲人（满洲军士）为奴；兄弟叔侄辈流放宁古塔；疏远亲族凡在官的都革职，交原籍地方官管束。由于牵累的人多，汪景祺侨居的平湖县城甚至传出“屠城”的谣言，居民惊惶逃窜，后经地方官晓谕才安定下来。

钱名世处罪在雍正四年（1726 年）三月。他虽然没有被杀头，但遭遇不比杀头好受。

钱名世，字亮工，江南武进（今江苏武进）人，康熙四十二年（1703 年）进士，殿试一甲第三名，授翰林编修，升侍读。他与年羹尧是乡试同年（两人都是康熙三十八年中举，一在南闱，一在北闱），大概因此而有交谊。雍正二年（1724 年），权势赫赫的年羹尧进京觐见，钱名世赠诗谀颂，有“分陕旌旗周召伯，从天鼓角汉将军”“钟鼎名勒山河誓，番藏宜刊第二碑”等句。康熙末年，十四阿哥胤禵授定远大将军，出征青海、西藏，圣祖曾为他立碑褒扬。十四阿哥胤禵曾是争夺太子位的重要角色，雍正皇帝即位后立即解除十四阿哥胤禵兵权（后来又加以禁锢），本是最不该提起的人物，钱名世竟不知回避。

年羹尧受诛，钱名世当然在劫难逃。雍正皇帝给他加的罪名是“曲尽谄媚，颂扬奸恶”“诗语悖逆”。但没有杀他，只是把他革职逐回原籍。却又御书“名教罪人”四字，命钱名世原籍地方官制成匾额，挂在钱家中堂上（一说大门上）。赐字题匾本是康熙皇帝笼络臣僚的惯用手段，如为范文程祠堂题“元辅高风”，为李光地题“方重醇深”等。雍正皇帝也偶尔仿效，如为杨名时题“清操夙著”，为田从典题“清谨公方”等。雍正皇帝“青出于蓝而胜于蓝”的是能变其意而用之，易褒为贬。奇耻大辱的“名教罪人”四字不但使钱名世本人无脸做人，而且使他的子子孙孙都抬不起头。雍正皇帝还命常州知府、武进知县每月初一、十五两日去钱家查看匾额悬挂情形，如未悬挂则呈报、奏明治罪。

这还不够，雍正皇帝又命在京现任官员，凡由进士、举人出身的，都要仿照诗人刺恶之法，每人写一首诗赠送钱名世，结果共有 385 人奉诏作诗。雍正皇帝一一过目后，交付钱名世辑成专集。集名就为《御制钱名世》，刊印后颁发给全国的学校，让天下士子人人知晓。讽刺诗作得够味的给予表扬，不够味的给予处分。正詹事陈万策诗中有句“名世已同名世罪，亮工不异亮工奸”，措意尖刻，造句新巧，得到雍正皇帝的夸奖；翰林侍读吴孝登则因诗句“谬妄”，被发配宁古塔给披甲人为奴了；吴孝登的同僚陈邦彦、陈邦直也因诗句“乖误”而被革职。

古人云“士可杀不可辱”，人生至此，钱名世真不如索性吃一刀，可是“圣主”偏要拿他寻开心，辱而不杀。他不知哪一年死的，据说他为人“非端士”，参与修《明史》曾把万斯同写的几篇传稿据为已作。身为翰林清望官，作诗讨好跋扈的边将，也的确有失身份。但不管怎样说，雍正皇帝也做得太过分了，他在谕旨中解释说：“伊既以文词谄媚奸恶，为名教所不容，朕即以文词为国法，示人臣之炯戒。”

然而没有“以文词谄媚奸恶”的，雍正皇帝同样“以文词为国法”。康熙末年，工部侍郎揆叙附八阿哥胤禩，为其争太子之位效劳，死后谥“文端”。雍正皇帝继位后削夺揆叙谥号，把他的墓碑文字磨去，改刻为“不忠不孝阴险柔佞揆叙之墓”。八阿哥的另一党羽阿灵阿的墓碑也被改刻为“不臣不弟暴悍贪庸阿灵阿之墓”。雍正皇帝还把八阿哥改名为“阿其那”，十阿哥胤䄉改名为“塞思黑”。二名均为满语，意思据说是畜牲、猪狗。

这类刻薄的恶作剧只有雍正皇帝一人想得出来，做得出来！

② 查嗣庭案

雍正皇帝继位之初，有两个最受亲重的人物，一个是年羹尧，一个是隆科多。隆科多是康熙孝懿皇后的弟弟，一等公佟国维之子，康熙末年官至步军统领、理藩院尚书，雍正初年袭爵一等公，授吏部尚书，加太保。和年羹尧相似，隆科多也是个“招权纳贿，擅作威福”的人物，引起雍正皇帝注意。办理年羹尧案时，雍正皇帝处处把他与年羹尧相提并论，逐步贬削他的恩荣与官爵。雍正五年（1727 年）十月，隆科多因私藏玉牒（皇室宗谱）罪付审，诸王大臣合议弹劾隆科多犯有四十一条大罪，得旨永远圈禁，家产追补赃银，其二子也受处分。第二年，隆科多死于禁所。

与隆科多案有关的查嗣庭案结束于隆科多治罪前数月。

查嗣庭，字润木，号横浦，浙江海宁人，康熙四十五年（1706年）进士，选入翰林，经隆科多保奏授内阁学士，后又经左都御史蔡珽保奏授礼部左侍郎。雍正四年（1726年），查嗣庭派充江西乡试正考官，被人告发试题“怨望、讽刺”。这年九月，查嗣庭刚从江西返抵京师就被捕入狱。案件尚未了结，查嗣庭病死狱中。

所谓试题“怨望、讽刺”，指《论语》题“君子不以言举人，不以人废言”；《孟子》题“山径之蹊间，介然用之而成路；为间不用，则茅塞之矣。今茅塞子之心矣”。但猜忌的雍正皇帝进一步怀疑查嗣庭所出的《易经》第二题“正大而天地之情可见矣”，第三题“其旨远，其辞文”及《诗经》第四题“百室盈止，妇子宁止”包含更隐秘的讽刺。按照雍正皇帝的理解，是咒骂“雍正”年号的；“其旨远，其辞文”二句是暗示两道题中的“正”“止”二字有呼应关系。真是了不起的附会。

后来民间也有附会，说查嗣庭所出题中“维民所止”一句，“维”“止”二字是把“雍”“正”砍去了头。这大约是因为查嗣庭著过一部《维止录》，后世附会从这部书名产生。

案发后，查嗣庭赴赣行李、在京寓所和浙江老家都被彻底搜查。雍正皇帝从搜得的日记（似即《维止录》）中找出许多“极意谤讪”康熙政治的言论。如认为裁减闲散京官是翰林院的一大灾难；认为戴名世狱及康熙五十年（1711年）科场案是因语言文字而杀人；认为引见百官罢黜不合格者有失作贤之道；认为九卿会议是做样子，钦赐进士是例行公事，不能识拔奇才；认为殿试不完卷者黜退不取是杀一儆百、无罪而罚；等等。日记“谤讪”前朝，试题“谤讪”当今，这就是清廷所宣布的查嗣庭的两大罪状。

此外，据说《维止录》首页有这样一条记载：“康熙六十一年某月日，天大雷电以风。予适乞假在寓，忽闻上大行，皇四子已即位，奇哉！”被认为是借灾异咒诿雍正皇帝即位，雍正皇帝深信天命，求“祥瑞”唯恐不多，查嗣庭竟唱反调，有人认为这是他得祸的真正原因之一。

雍正五年（1727年）五月，查嗣庭案终于结束，有关人员做如下处置：

查嗣庭戮尸、枭首，其子分别被处以斩监候、流放三千里外等刑罚；

家产抄没，折银充浙江海塘工程费用；一兄流放陕西，后来死于戍地；另一兄特许释归，不久病死。

其他牵连得罪的有：江西乡试副主考俞鸿图革职；江西巡抚降四级调用；布政使丁士一革职发往福建工程上效力。传说浙东诸家桥镇（所属府县不详）关帝庙中有当地某学究题的一副门联“荒村古庙犹留汉，野店浮桥独姓诸”，被查嗣庭采入《维止录》中，案发后殃及该学究。

不仅如此，由于汪景祺、查嗣庭都是浙江人，雍正皇帝进而迁怒于浙江士人，恨浙江士风不正。查嗣庭下狱的次月，即雍正四年（1726年）十月，清廷特设浙江观风整俗使，专职监视士人，整顿士风（接着东南各省相继设立观风整俗使）。作为处罚，十一月又下诏停止浙江士人乡试、会试。吏部侍郎、钱塘人沈近思上疏拥护，说汪、查等人使“越水增羞，吴山蒙耻”，条陈整顿风俗、约束士子的十条建议，雍正皇帝批转浙江巡抚和观风整俗使议行。雍正六年（1728年）八月，经浙江总督李卫请求，雍正皇帝才解除了停止乡会试的诏令，两年后又撤销了观风整俗使。

每办一案都尽量有所创造，尽量在整治风俗人心方面做文章，以扩大“战果”，这是雍正一朝文字狱的一大特点，是雍正皇帝操纵文字狱的“高明”之处。

查嗣庭结案后数月，隆科多得祸，四十一条大罪中有一条是“保奏大逆之查嗣庭”，查嗣庭的罪状中也有“趋附隆科多”一条，这说明查嗣庭狱与隆科多有直接关系。但作为文字狱，查嗣庭狱基本上是独立的事件，不像汪景祺、钱名世二狱那样紧紧依附于惩戒朋党的政治斗争。

③ 谢济世、陆生楠案

谢济世、陆生楠案是一对孪生案件，两案都源于李绂、田文镜互参事件。这里我们首先解释一下李绂、田文镜互参事件。

雍正皇帝用人的特点是倚重实心办事的吏才，不喜欢徒逞笔舌的文化之士。他的心腹干吏中有一个叫田文镜的人，此人监生出身，从州县小吏历练而上，雍正二年（1724年）擢受河南巡抚。田文镜政令严苛，嫌科甲出身的官员办事懦缓，接连劾罢三四员州县官，其中有信阳知州黄振国，系左都御史蔡珽所荐。雍正四年（1726 年），新授直隶总督的李绂上任取道河南，田文镜循例迎送。科甲出身的李绂忍不住指责田文镜，说他不该有意蹂躏读书人。于是田文镜上密疏参劾李绂因与黄振国等人科举同年，所以有意袒护，言下之意是说李绂等科甲人私结朋党。不久，李绂入京觐见，向雍正皇帝陈述田文镜贪虐及黄振国等人冤情，雍正皇帝先已得到田文镜的密疏，胸有成见，对李绂的话置之不理。李绂接着上疏参田文镜。雍正皇帝虽然不高兴，还是派人去河南调查，果然发现田文镜的一些劣迹，但不尽如李绂所参。根据一些迹象，雍正皇帝越发怀疑李绂等科甲出身的人在搞朋党，因而对田文镜愈益信任，宠信有加。

同年冬天，浙江道监察御史谢济世根据从刑部员外郎陈学海那里听来的材料(陈学海曾赴河南调查田文镜),上疏参劾田文镜十罪。雍正皇帝不悦，把奏疏退还,而谢济世却坚持要上疏。雍正皇帝一怒之下把谢济世革职逮捕，大学士、九卿、科道会审拟斩。由于谢济世所劾与李绂所劾内容完全一致，都为黄振国鸣冤，黄振国是蔡珽所荐，蔡珽与李绂关系亲密，雍正皇帝于是认定这几个人在搞朋党，做如下处置：谢济世减死发配阿尔泰（今新疆阿尔泰）军前效力；蔡珽降为奉天府尹；李绂调为工部侍郎（后因别的事革职）。

雍正七年（1729 年），驻守阿尔泰的振武将军、顺承郡王锡保上奏，说谢济世已招供他参劾田文镜是受李绂、蔡珽指使（谢济世可能被迫说了违心话）。雍正皇帝得奏，命斩黄振国，把李绂、蔡珽投入监狱。李绂论罪当斩，雍正皇帝特予赦免，让他戴罪纂修《八旗通志》。蔡珽判斩监候。直到乾隆皇帝退位后，李绂才恢复官职，蔡珽也获释。

在李绂等人遭罪的同时，田文镜连连升官受奖，隶籍也由正蓝旗抬升为正黄旗。

李绂、田文镜互参事件终于以李绂等人惨败、田文镜获胜而告终。因这件事而引出谢济世、陆生楠两起同时发生的文字狱。

谢济世，字石霖，广西全州人，康熙末年进士，因弹劾田文镜而得祸已见上文。此人颇有读书人的迂气，审问中，刑部尚书励廷仪问他受何人指使。他回答说："是孔、孟指使。我自幼读圣贤书，只知道事上忠荩。见奸不攻，不是忠臣。"到阿尔泰后，他受到平郡王福彭的敬重和优待，得以从容讲学、著书，著有《古本大学注》《中庸疏》。后来锡保率军进驻阿尔泰，奉命监视充军的士大夫，谢济世等人的日子渐不好过。

和谢济世同时充军阿尔泰的还有陆生楠。陆生楠也是广西人，举人出身，以军功迁授吴县知县。引见时雍正皇帝见他应对滞讷，"举动乖张"，便把他扣下来留京学习办事，后改为工部主事。再引见时，雍正皇帝见他傲慢不恭的神态，所呈奏折又写有"五经四书中如'惠迪吉''从逆凶'，何以异于佛老"等话，觉得是讽刺自己。雍正皇帝进而想到他是广西人，与谢济世是同乡，而李绂原先做过广西巡抚，"平日必有与李绂、谢济世结为党援之处"。就凭这毫无根据的猜疑推断，命把陆生楠革职，发往阿尔泰军前效力。陆生楠著有《通鉴论》十七篇（似是在阿尔泰所著），谁知这十七篇史论竟害了他的命。

雍正七年（1729年）五月，锡保弹劾陆生楠小字书写《通鉴论》十七篇，文中"抗愤不平之语甚多，其论封建之利，言辞更属狂悖，显系排议时政"，《通鉴论》随本缴进。雍正皇帝得奏，于七月初三日谕内阁，对《通鉴论》中的"狂悖"议论逐条加以批驳。双方观点大致如下：

一、论封建（分封制）。陆生楠主张恢复封建制，说："封建之制，古圣人万世无弊之良规，废之为害，不循其制亦为害。至于今害深祸烈，不可胜言，皆郡县之故。"雍正皇帝追溯秦汉以来郡县制、封建制的沿革与变迁，说如今天下大一统，有何祸害，"陆生楠能明指乎"？斥陆生楠"狂肆逆恶"，"实天下所不容"。

陆生楠又说后世政治昏昧，是由于"天下统于一。相既劳而不能深谋，君亦烦而不能无缺失，始皇一片私心，流毒万世"的缘故。雍正皇帝认为有贤君就有良相，隐隐以"知人之主"自居，斥陆生楠"肆意妄言，支离缪戾至于如此"。

二、论建储（立太子）。陆生楠就汉武帝戾太子事件发论认为"储贰不宜干预外事，且必更使通晓此等危机"，又说"有天下者不可以无本之治治之”。雍正皇帝驳斥说，太子应该博通古今，体察民情物理；不立太子是本朝规矩，本朝国本“至深至厚”，“愚人固不能知”，斥陆生楠借古讽今，“实为弥天不可赦之罪人”。

三、论府兵制。陆生楠赞美唐府兵制，认为应当实行于今，使“国无养兵之费，臣无专兵之患”。雍正皇帝斥陆生楠“怀蓄逆乱之心，郁不得逞，故以国无无养兵之费摇动人听，冀或更制以紊乱军政，所谓执左道以乱政，言伪学以疑众者，王法之所不宥也”。

四、论隋朝君臣。陆生楠云：“后之君臣，倘非天幸，其不为隋之君臣者几希。”雍正皇帝指出隋文帝与隋炀帝的区别，说隋炀帝自取灭亡，不关天命。

五、论人主威权。陆生楠云：“人愈尊，权愈重，则身愈危，祸愈烈。盖可以生人、杀人、赏人、罚人，则我志必疏，而人之畏之者必愈甚。人虽怒之而不敢泄，欲报之而不敢轻，故其蓄必深，其发必毒。”雍正皇帝自辩称：“朕临御以来，日理万几，皆奉若天道，因物以付，未尝以己意生杀人、赏罚人。”斥陆生楠自蓄逆志，“狂悖恶乱”，“肆为咒诅”。

六、论宰相。陆生楠认为：“当用首相一人。首相奸謟误国，许凡欲效忠者皆得密奏。即或不当，亦不得使相臣知之。”又说：“为君为臣，莫要于知人而立大本，不徒在政迹。然亦不可无术相防。”雍正皇帝予以驳斥后表白云：“朕于人言，必决之以理，揆之以情，未尝拒人之言，亦未尝轻听人言。”

七、论王安石。陆生楠大意是批评王安石刚愎自用，不信天命。雍正皇帝抓住个别字句故作异论，以显示高明，斥陆生楠“文词议论险怪背谬，无理之甚”。

八、论无为之治。陆生楠主张君主“不人人而察”，“不事事而理”。雍正皇帝主张以汉宣帝、光武帝和唐太宗为“勤劳自励”，对陆生楠的言论加以驳斥。

以上是雍正皇帝在上谕中批驳《通鉴论》的大要。虽然陆生楠的观点不尽正确，雍正皇帝的批驳也有合理之处，但作为最高统治者而与一小臣争是非、论长短，未免显得胸怀不广。至于说陆生楠借古谤今，或许多少有一点，但也并非罪大恶极，非诛不可。

雍正皇帝先诛心，后诛人，对《通鉴论》批驳后，提议将罪大恶极，情无可逭的陆生楠就地正法，命九卿、翰詹、科道定拟陆生楠应治之罪。众官当然遵旨惟谨。这一年年底，陆生楠在阿尔泰军中被处死刑。

锡保在疏劾陆生楠的同时，对谢济世也参了一本，说谢济世所著《古本大学注》诽谤程朱，书随本缴上。雍正皇帝读过后颁谕内阁，认为谢济世不仅诽谤程朱，而且对时政“恣意谤讪”。疑心极重的雍正皇帝尤切齿于书中所云“拒谏饰非必至拂人之性，骄泰甚矣”一句，咄咄逼人地问道：“试问谢济世：数年以来伊为国家敷陈者何事？为朕躬进谏者何言？朕所拒者何谏？所饰者何非？除处分谢济世党同伐异、诬陷良臣之外，尚能指出一二事否乎？”命朝臣议谢济世应治之罪。众臣拟谢济世与陆生楠一同处死，雍正皇帝却玩了个花招，密谕锡保在杀陆生楠时把谢济世一同绑赴刑场，装作要杀的样子，最后宣布谢济世免死。谢济世被玩弄假斩把戏后终于不死。

谢济世在阿尔泰充军九年，乾隆初释归复职。谢济世仍然不忘自己的著作，将《古本大学注》和《中庸疏》献进，请求颁行天下。并说明已把书中被指为谤讪的几句话删除了，分章释义依据古本（即《礼记》本），不遵朱熹的“四书”本。当时学者鄙薄宋儒，而谢济世敢明目张胆排斥程朱，但官方仍扶植程朱学说，尊为正统。乾隆皇帝把书退还，传旨严斥。

谢济世后来改任湖南粮储道，继续注释儒经，陆续刻印成书。乾隆皇帝闻知，于乾隆六年（1741 年）九月传谕湖广总督孙嘉淦，指出谢济世标新立异，“足为人心学术之害”，命查明谢济世所著书中违背程朱、标榜他人之处，然后烧毁其书及印板。孙嘉淦回奏说谢济世所注书有“四书”“五经”等多种，已印一百五十四本，刻板二百三十七块，已全部烧毁；注中虽有违背程朱学说之处，但立说浅陋，不足以惑世盗名，似不必逐条指摘。至此，谢济世注书案方告结束。他没有死于文字狱，一是罪情较轻，二是居官尽责，两朝君主对他的为人印象都不算坏。雍正、乾隆二帝处罚人往往凭个人印象和一时爱憎。陆生楠的得祸，很大程度上是由于雍正皇帝对他的印象不好，两次引见都引起憎恶。

以上几起文字狱或多或少都有惩戒朋党的用意，戒除朋党是雍正皇帝整饬风纪的主要目标，他即位之初就以《御制朋党论》颁示臣僚，要诸臣“洗心涤虑，详玩熟体”。《御制朋党论》驳斥欧阳修《朋党论》“君子以同道为朋”的说法，认为“君子无朋，惟小人则有之”。雍正皇帝把宋代以下的朋党之风归咎于欧阳修的“邪说”。经过雍正皇帝的严厉整饬，顺治、康熙以来的朋党现象大为减少，文字狱从中起了一定的作用，这也是“以毒攻毒”的一例吧。

(2) 吕留良案件

① 曾静投书企图策反岳钟琪谜案

在文字狱的历史上，最善于做“奇文”的无过于雍正皇帝。在雍正皇帝的文字狱“奇文”中，规模最大的无过于曾静、吕留良之狱。

这场大狱是从曾静投策反书开始的。

雍正六年（1728 年）九月二十六日，在陕西西安的一条大街上，川陕总督岳钟琪正乘轿回署，突然有个男子拦轿投书。岳钟琪在轿中接过书函，见封面所写收件人名号是“天吏元帅”，不由十分诧异，当即把投书人带进署中交巡捕看守，自己连忙拆读书函。原来“天吏元帅”是写信人对岳钟琪的敬称，写信人自称“南海无主游民夏靓遣徒张倬上书”。信中对雍正皇帝极尽指斥、责骂之词，为雍正皇帝定下十大罪状，即“谋父，弑兄，屠弟，贪财，好杀，酗酒，淫色，怀疑，株忠，好谀任佞”。说岳钟琪既然是抗金英雄岳飞的后裔，就应以岳飞抗金的事迹激励自己，劝岳钟琪掉转枪头指向金人的后裔满洲人，为宋、明二朝复仇。

岳钟琪是四川成都人，康熙末年以军功累官四川提督，雍正初年随年羹尧平定青海立大功，封三等公，授川陕总督，握三省重兵。这个重要职位向来由满洲人担任，雍正皇帝破例授予岳钟琪，说明他对岳钟琪格外信任。赤心事清的岳钟琪感恩图报，恨不得肝脑涂地。而当时朝野都传说他是岳飞的后代，臣僚中尤其是满洲贵族中的许多人对岳钟琪怀有忌恨和猜疑，诬谄他密疏有一大堆，雍正皇帝一概置之不理。岳钟琪本人也听到一些风声，心中惴惴不安，曾上疏辞职，雍正皇帝特予勉慰。如今竟有人上门投书策反，通天大案，非同小可。

岳钟琪即时派人密邀陕西巡抚、满洲人西琳来署会审。西琳因事未到，岳钟琪等不及，便单独接见“张倬”，不动声色地询问他师徒情况，想套取口供，而让按察使、满洲人硕色在隔壁密室监听，以做证见。“张倬”心存警戒，不肯说实话。问到谋反动机，只说：“百姓贫穷，只为救民起见。”傍晚时分，西琳也来了，询问变成审问，还动了大刑，“张倬”宁死不招。岳钟琪改变主意，与西琳商定明日由他设法骗取口供，而让西琳在密室监听。

次日依计行事，岳钟琪单独见“张倬”。“张倬”仍不吐实情，只说湖广、江西、广西、广东、云南、贵州六省他能够做到“一呼可定”。于是岳钟琪使出了最后一招，假意与“张倬”盟誓，表示愿意聘请“夏靓”同谋举事。“张倬”见岳钟琪情词慷慨激昂，深受感动并信以为真，终于说出了写信人和自己的真实姓名及乡贯住址，第二天又说出了“同谋”者的情况。

原来，“江南无土游民夏靓”的真姓名叫曾静，是湖南永兴人；“张倬”真名叫张熙，湖南安仁人，是曾静的学生。曾静原是县学生员，因考试劣等被革退，于是放弃学业在本地教书，人称蒲潭先生。曾静失意无聊之中常杂记一些道听途说的东西和读书心得，以抒发愤懑，所著《知几录》《知新录》中多有“悖逆”文字。如《知新录》称：“华夷之分，大于君臣之伦……为域中第一义”；“夷狄侵凌中国，在圣人所必诛而不宥者，只有杀而已矣，砍而已矣”；“先明君丧其德，臣失其守，中原陆沉，夷狄乘虚窃据神器，乾坤反复，地塌天荒。八十余年，天运衰歇，天震地怒，鬼哭神号”。诸如此类，都是对清朝统治极端仇恨的言论。

盛怒中的雍正皇帝沉住气，极力安抚岳钟琪。同时派刑部侍郎奕禄、正白旗副都统觉罗海兰到湖南审理曾静一案。曾静供出他的思想来源于浙江已故文人吕留良的观点。一下子，雍正的精力便集中在这件案子上了。这案子涉及的人牵一挂五，拉三携四，他们的口供使受到株连的人多达几万人，牵涉的地域之广无他可比。

雍正皇帝手下的大臣们认为“若非由内及外，由满而汉，谁能以影响天下之言论为可信”，他们认为这些民间的传说来自官场，其本源必定在宫廷大内——就是雍正的对立面。结果是什么人都受到怀疑，就连流放的犯人也成了传播这些隐秘的嫌疑犯。

② 吕留良被牵进案中

那么，吕留良何许人也？吕留良，字庄生，初名光轮，字用晦，号晚村，浙江崇德人（康熙元年崇德改名石门，故又称石门人，其地即今浙江桐乡市西南部）。此人先曾参加抗清斗争，顺治十年（1653年）应试为诸生，后因悔恨猎取清朝功名，在康熙年间放弃功名。当时的地方官员向朝廷举荐他，他誓死不就，后又被人举荐，他仍旧不理睬，乃至削发为僧（法名耐可，字不昧，号何求老人）。因此吕留良的名气非常大，享有“东海夫子”之称。

吕留良对清朝不满，尤其不以效忠夷狄政权为荣，他还开办学堂，教育自己的弟子站稳华夏的民族立场。因为吕留良这个坚定的立场，又因为他的理学家声望，所以当时有许多人投拜到他门下，大有“穷穷晚进有志之士，风闻而兴者甚众”之势。

吕留良处处宣称“华夷之分大于君臣之义”，著作中处处表露憎恨清朝、思念明朝的思想感情。他的事迹和所著《四书讲义》《语录》、所评选的八股文等，广为流传，在士大夫中影响很大，人们尊称他为“东海夫子”，死后立祠祭祀，连浙江总督李卫上任之初也前往瞻仰，题匾颂扬。

曾静读过吕留良的著作，对吕留良深为仰慕，受其思想影响，对清王朝的不满日益强烈。所谓“江南无主游民”，就是表示反抗清朝统治。出于对吕留良及其学说的崇拜和信仰，案发前一年，曾静曾经特派张熙到吕留良的家乡去访书。张熙在吕家抄录了吕留良的一些诗文，拜访了吕留良的几个门人，沿路又听到贬毁雍正皇帝的一些传闻。雍正皇帝自即位以来一直受谣言攻击（可能是争位失败的政敌暗中活动所致），遇上天灾人祸，民困人怨，谣传更多，曾静在老家也听过不少。张熙浙江之行的所见所闻，使希望“变天”的曾静产生一种将要“变天”的感觉。当时民间传说岳钟琪上书指责雍正皇帝（实无其事），于是曾静选定岳钟琪为策反对象。他与张熙商拟了策反信，派张熙前往投呈，嘱咐张熙见机行事，路上倘若感觉时局不利就返回。张熙由川入陕，路上听人议论都说皇上是好皇帝，不由心中发怵，本该返回，转而想既然来了一趟，索性豁出去，没想到中了岳钟琪的圈套。张熙上路后，曾静预料凶多吉少，便在衣服的底面写了几句话和“蒲潭先生卒于此”字样，准备一旦发生意外好让别人认尸。

以上是曾静使张熙投书策反的由来。张熙向岳钟琪所提供的情况当然没有这样详尽。他所交代的“同谋”，实际上仅仅是他和曾静平时所认识或听说过的一些人，这些人与策反活动毫无关系。所谓六省“一呼可定”，完全是张熙说大话。岳钟琪一时也难辨真假，六天内他连上三道密折详细汇报案情。雍正皇帝震惊之余，怀着庆幸和感激的心情做朱批赞扬岳钟琪，指授办案机宜。他在岳钟琪折叙及盟誓的一节文字旁边加批语云：

览虚实，不禁泪流满面。卿此一心，天祖鉴之。此等誓盟，再无不消灾灭罪、赐福延生之理。朕嘉悦处实难笔谕。朕与卿君臣之情，乃无量劫之善缘同会、自乘愿力而来，协朕为国家养生者，岂泛泛之可比拟。朕实嘉悦之至。

岳钟琪后来因进讨准噶尔失利，被大学士鄂尔泰所劾，下狱判斩监候，到乾隆初年才获释。所谓“君臣之情”，如此而已。

③ 吕留良被株连十族

案情线索基本摸清后，雍正皇帝传谕浙江总督李卫捉拿吕留良亲族、门生，搜缴其书籍著作；派正白旗副都统觉罗海兰到长沙会同湖南巡抚王国栋捉拿曾静、诸“同谋”及其亲属。十月，除已经去世的吕留良、吕葆中父子及吕氏弟子严鸿逵（名赓臣）之外，其余数十名重要人犯全部捕到。主要有：曾静及其门人廖易；曾静熟识的刘之珩及其门人陈立安；刘之珩的老友谯中翼；张熙父张新华、兄张照、堂叔张勘；吕留良之子吕毅中；严鸿逵的门人沈在宽；为吕留良师徒刊刻著作的车鼎丰、车鼎贲兄弟；为吕留良编过文集的孙学颜；此外还有人所共知的“大侠”甘凤池等人。

值得一提的是，“英雄”“大侠”甘凤池并未表现出什么英雄气概，而是在李卫的诱逼之下，叩头乞求宽恕，并出卖了朋友，后来甘凤池等人被判处死刑。

另外，还搜到了很多的书，最主要的有：曾静家中“大逆之书”三册；张熙家中“逆书”二册及策反信原稿（张熙随身携带的《拟生员应诏书》《吕留良诗钞》及刘之珩刻印的《握机图》等，先已被岳钟琪搜缴而去）；吕留良及其弟子的所有著作，有讲义、语录、诗文集、日记等。

十一月，雍正皇帝派刑部侍郎杭奕禄到长沙审问曾静等人。杭奕禄遵照旨意，向曾静等人宣讲清朝列祖列宗的“深仁厚泽”，及雍正皇帝的“天地之量，尧舜之仁”。经过一番攻心战，曾静当场痛哭流涕，俯首认罪，后来照清廷的安排写了悔罪颂圣的《归仁录》，颂扬雍正皇帝得位之正和勤政爱民的圣德。

④ 雍正的“出奇料理”

雍正七年（1729 年），两省所有在押人犯解到京师对质定罪，等待处置。成竹在胸的雍正皇帝在朱批中向宠臣田文镜、鄂尔泰“吹风”说：“遇此种怪物，不得不有一番出奇料理，倾耳以听可也。”

雍正皇帝的“出奇料理”到底是怎么回事呢？归纳起来，大致有两项措施。

一项措施是对曾静、张熙从宽发落，利用他们做宣传。发案之初，雍正皇帝对张熙的自投罗网就深感庆幸，说是“上天神明之德，非人力之所能者”。读过“逆书”（即策反信）后，雍正皇帝自称先是“惊讶堕泪，梦中亦未料天下有如此论朕也”，接着故作大度，自诩“朕从来秉性，‘卒然临之不惊，无故加之不怒’二句实能之”。他明白，“逆书”中的“诬谤”别有来源，不是曾静、张熙二人凭空捏造的，因此一再指示岳钟琪好生开导张熙，心中已拟定对张熙的基本策略——利用。利用的前提是感化，没有骨头的曾、张果然被感化。于是，雍正七年（1729 年）十月，雍正皇帝命免罪释放曾静、张熙，同时宣布：将来继位的子孙也不得诛杀他们。他解释这样做的理由是：岳钟琪已与张熙盟过誓，岳钟琪是国家的股肱大臣，不能使岳钟琪失信，此其一；因曾静遣徒投书，朝廷得以顺藤摸瓜，查出谤言的制造者，这样说来曾静还有功，此其二。当然，这不过是托辞，不杀曾静、张熙的真正原因是要留下他俩现身说法，为雍正皇帝做宣传。

曾静、张熙案件中牵涉大量的“反面教材”，最触目的如曾静列举雍正皇帝十大罪状：谋父，弑兄，屠弟，贪财，好杀，酗酒，淫色，怀疑，诛忠，好谀任佞。具体事实如写雍正皇帝与父皇“为仇为敌”；说仁寿太后之死是被迫自杀；说允礽、允禩、允禟之死是被杀害；说年羹尧、隆科多二案是“诛忠”；说雍正皇帝收纳了废太子的妃嫔，常带着大臣在圆明园饮酒作乐；说雍正皇帝私下派人从四川贩米到苏州变卖等，都是道听途说得来的。按理说，这类材料应严格保密，防止扩散，可是雍正皇帝却有意公开，经加工后大做宣传。他下令编辑两年中关于此案的《上谕》，附以曾静口供及其《归仁录》，合成《大义觉迷录》一书，大量“反面材料”充斥其中（当然都经过《上谕》批驳），堪称古今一绝。

《大义觉迷录》后来经过刊发后，颁发全国所有学校，命教官督促士子认真观览晓悉，玩忽者治罪。又命杭奕禄带领曾静到江宁、苏州、杭州等地宣讲这部奇书，尔后把曾静交湖南观风整俗使衙门听候使用；命兵部尚书史贻直带领张熙到陕西各地宣讲，尔后把他送回原籍候旨。雍正皇帝这样做的目的，是为了显示自已光明正大，问心无愧，不怕人们对他的种种贬毁，使谤言不禁而止。对于谤言的制造者，他下令彻底追查。地方官秉承他的意旨节节追踪，最后追查到已经败亡的允禩集团，据说是允禩身边的几名太监在流放广西、云南途中散播的。这样，雍正皇帝打击残余政敌又有新的借口。

“出奇料理”的第二项措施是对吕留良、严鸿逵等人从严处罪，为风俗人心立戒。吕留良继承先儒“华夷大防”的思想，在其著作中宣扬“华夷之分大于君臣之义”，把元灭宋、清灭明看作历史上的大灾难。他记述南明永历帝在缅甸被俘递解回国时，满、汉官兵都倾心下跪；处死时“天地阴霾，日月无光”，百里以内的关帝庙都遭雷击。他的笔下称清朝为“清”“北”“燕”“彼中”等，而不称“大清”“圣清”“国朝”等。此外，他还对康熙年间的时政表现非常不满，如文集内称“今日之穷为羲皇以来所仅见”。

受吕留良思想的影响，严鸿逵等人仇视清朝一如其师。严鸿逵在其日记中别有用心地记载灾异，曾怀着几分幸灾乐祸的心情记述了索伦（今内蒙古海拉尔市）地震和热河（今河北承德市）大水，说在热河中淹死满洲人二万多。大学士朱轼推荐严鸿逵修《明史》，严鸿逵以死相拒。沈在宽则作诗云：“陆沉不必由洪水，谁为神州理旧疆？”又云“更无地著避秦人”，又抄录吕留良私淑弟子黄补庵诗“闻说深山无甲子，可知雍正又三年”。

雍正皇帝在连篇累牍的《上谕》中狠狠批驳了吕留良、严鸿逵等人的上述思想言论，斥为“悍戾凶顽，好乱乐祸”“丧心病狂，肆无忌惮”。他认为“吕留良生于浙省人文之乡，读书学问，初非曾静山野穷僻、冥顽无知者比……曾静之谤讪由于误听流言，而吕留良则自出胸臆，造作妖妄……是吕留良之罪大恶极，诚有较曾静更为倍甚者也”。他把吕留良视为“教唆犯”，认为浙江之所以“风俗浇漓，人怀不逞”，之所以出现汪景祺、查嗣庭等“悖逆”之徒，都是吕留良流毒作怪。为浙江一省的“风俗人心”着想，雍正皇帝示意要对“名教中之罪魁”吕留良处以极刑。有司秉承他的意旨，拟处吕留良身后之刑。

这时雍正皇帝又来了一招“出奇料理”，他命令各省学臣就吕留良该不该治罪这一问题，向所有生员征求意见。生员必须就这一问题明确表态，向学臣出具结状，再由学臣汇总上报。同时规定：如果生员还有别的话要说，可以自行出具呈文独抒己见，交学臣转奏。这样做，名义上是说要听取天下公论，犹如孟子所云：“国人皆曰可杀，然后察之；见可杀焉，然后杀之。”（《孟子·梁惠王下》）以显示“大公至正”，其实是一种恐吓性的宣传。征求公意的结果可想而知：全国的读书人都一致拥护照“大逆”律治罪，没有一人有异词（有异词也无人敢转呈）。既然“国人皆曰可杀”，于是雍正皇帝名正言顺裁决如下：

吕留良、吕葆中开棺戮尸，枭首示众；吕毅中斩立决；吕留良诸孙从宽免死，发遣宁古塔给披甲人为奴；家产折银充本省工程费用；严鸿逵开棺戮尸，枭首示众，其孙发遣宁古塔给披甲人为奴；沈在宽斩立决；黄补庵（已死）嫡属照议治罪；刊印、收藏吕留良著作及崇拜吕留良的车鼎丰等 4 人判斩监候，另 2 人同妻子流放 3000 里外，还有 11 人受杖责，4 人免刑释放。

对吕留良的文字著作，诸臣提议禁毁。礼部侍郎钱以垲甚至提议禁毁天下所有私蓄家刻之书。雍正皇帝一概不同意。他认为书是禁毁不尽的，不如留给后世辨别是非真伪。“理学名臣”朱轼等人先已对吕留良的《四书讲义》和《语录》做过逐条批驳，请求印发学校，雍正皇帝应允了。

至此，雍正皇帝的“出奇料理”计有三奇：谋反重犯免罪，思想“教唆犯”处重罪，一奇；“反面教材”印发全国大做宣传，二奇；定罪量刑之前广泛征求士人意见，三奇。此外，案发之初，审问官与犯人盟誓，也堪称一奇。最后还有一奇：老子定案，儿子翻案。

雍正皇帝于十三年（1735 年）八月驾崩。十月，已经继位尚未改元的乾隆皇帝违背父训，公开翻案，命将曾静、张熙解到京师，于十二月把二人凌迟处死。他所持理由很简单：“曾静之罪不减于吕留良，而我皇考于吕留良则明正典刑，于曾静则屏弃法外者，以留良谤议及于皇祖，而曾静止及于圣躬也。今朕绍承大统，当遵皇考办理吕留良案之例，明正曾静之罪，诛叛逆之渠魁，泄臣民之公愤。”同时，乾隆皇帝还下令收回《大义觉迷录》，严禁臣民收藏。吕留良的著作也遭禁毁。在宁古塔的吕留良的后代后来有开面铺的，有开药铺的，有行医的，有的还捐了监生。乾隆皇帝把他们流放到更荒远的黑龙江，给披甲人为奴。

（3）其他文字狱

雍正一朝的文字狱重点打击两类人：第一类是标榜“华夷之辨”，宣扬反清排满思想的人；第二类是攻击雍正皇帝本人或其父祖，或依草附木妨碍他独裁的人。第一类人中吕留良、严鸿逵最典型，但有的案件事主未必有反清思想。

① 徐骏诗案

徐骏是任过刑部尚书的徐乾学的儿子，江苏昆山人，康熙末年中进士，选为翰林院庶吉士。此人自幼佻达、狂躁，业师周云陔督责严厉，竟被他毒死，因而得“药师佛”之号。他做官后本性不改，到处结怨，因作诗有句“明月有情还顾我，清风无意不留人”，被怨家指控为思念明朝，毁谤本朝。执法官比照“大不敬”律将徐骏处斩，诗稿焚毁，时为雍正八年（1730 年）。其实，徐骏并无反清思明的意念，“清风”“明月”不过是套用诗家陈词。

② 吴茂育著书案

吴茂育是浙江淳安人，官至宛平县丞，著有《求志编》，雍正十一年（1733 年）或十二年（1734 年），被族弟告发。浙江总督程元章审问后上奏清廷，认为该书评古论今，“语言感慨，词气不平，肆口妄谈，毫无忌惮”；李沛霖所题序用干支纪年，不写雍正年号，更属“狂悖”。雍正皇帝朱批命程元章严加审究，认为这种思想犯比“盗贼”危害更大，更难破除。

③ 沈伦诗案

雍正十二年（1734 年），江苏崇明人施天一因与同乡沈伦争田产结仇，遂控告沈伦所著《大樵山人诗集》有“狂悖”字句。两江总督赵弘恩便逮捕了沈伦嗣孙沈自耕及收藏诗版的沈苍林（沈伦先已病故）。雍正皇帝在赵弘恩的奏折上批道：“凡似此狂妄之徒，自应彻底严惩，以靖悖逆风习。”

④ 范时杰呈文案

福建上杭县童生范时杰读过《大义觉迷录》，便向福建观风整俗使刘师恕上呈文斥责曾静，颂扬雍正皇帝，想以此做进身之阶，果然得到刘师恕的表扬。当福建学政戴瀚到汀州考试学子时，范时杰又上呈文驳斥曾静的“悖逆”言论，为雍正皇帝辩护说：皇上的帝位是三兄（诚亲王允祉）遵父命让给他的，皇上得位正当，没有杀兄屠弟的事。戴瀚当即拘审范时杰，追问“三兄让位”之说从何得来？范时杰答称汀州城里人人都这样说。戴瀚上奏清廷，雍正皇帝命他会同总督、巡抚进一步深究。范时杰最后供称是自己想当然说的。雍正九年（1731 年）六月，经戴瀚等人奏准，范时杰交原籍地方官严格管束，令他每月初一、十五两日宣读《大义觉迷录》。这个拍马屁的小人没有想到拍马屁也会出差错，弄巧成拙，自寻烦恼。

⑤ 屈大均诗文案

署理广东巡抚傅泰阅读《大义觉迷录》，从张熙供称钦仰广东“屈温山先生”，想起本省著名学者屈大均号翁山，猜想“温山”是“翁山”之讹。于是追查屈大均所著《翁山文外》《翁山诗外》诸书，果然发现其中“多有悖逆之词，隐藏抑郁不平之气”。这样，又一宗思想“悖逆”案被揭发。屈大均已死三十多年，其子屈明洪（任惠来县教谕）自动到广州投案，交出父亲的诗文著作和雕版。案情上报，刑部拟屈大均戮尸枭首。雍正皇帝念屈明洪自首，免戮尸，仅将屈明洪及其二子遣戍福建，屈大均诗文禁毁。

⑥ 裘琏戏笔之祸

裘琏是浙江慈溪人，他少时曾戏作《拟张良招四皓书》，内有：“欲定太子，莫若翼太子；欲翼太子，莫若贤太子”；“先生一出而太子可安，天下可定”等语句，当时颇为传诵。康熙末年，七十多岁的裘琏中进士，后来致仕归乡。雍正七年（1729年），裘琏突然被捕，原来有人告发他那篇代张良写的招贤信是替废太子允礽出谋划策。次年六月，裘琏卒于京师狱。少年戏笔，老年得祸，真所谓“人生识字忧患始”。

⑦ 与各种宗教有关的案件

雍正皇帝崇信佛、道二教，但不许佛徒、道士干政，对他们防范很严。僧人迦陵性音曾是雍正皇帝旧友，死后褒荣显耀，但后来却说他“好干世法”，剥夺褒荣，并下令严格约束其徒子徒孙，不许保留迦陵性音的笔记文字。道士贾士芳经常入宫为雍正皇帝驱邪治病，据说一次因咒语中有“天地听我主持，鬼神归我驱使”之语，被雍正皇帝处死。

⑧ 邹汝鲁《河清颂》事件

雍正皇帝是个很迷信的人，他笃信天命，笃信“天人感应”之说，即位后大讲祥瑞。臣僚投其所好，所谓凤凰、甘露、卿云、灵芝、瑞麦、瑞谷、五星联珠、黄河水清之类，争相奏陈颂贺。雍正皇帝乘兴赏赐，上下皆欢喜。但也有过不愉快的场合。

雍正四年（1726年）十二月，河道总督齐苏勒、漕运总督张大有及河南、山东、陕西、山西等省巡抚相继奏报黄河水清。传说黄河清是圣人出世、圣人在位的瑞应，雍正皇帝喜不自胜。于是“皇恩浩荡”，给知县、参将、主事以上的文武官员每人秩加一级。太常寺卿邹汝鲁想乘机表忠扬名，便效法刘宋时的鲍照作了一篇《河清颂》献上去。内有“旧染维新,风移俗易”这句，原不过是套语，意思是说皇帝新政，天下风俗都变好了，所以有河清之瑞。没想到雍正皇帝阅罢大怒，说是他即位以来，事事效法皇考，恪守旧章，没有做丝毫改弦更张之事。责问邹汝鲁所谓“旧染维新，风移俗易”，“所移者何风？所易者何俗？旧染者何事？维新者何政？”邹汝鲁当然答不上来，于是革职，发往湖北荆州沿江堤岸工程处效力。邹汝鲁一心献谀，没有注意回避雍正皇帝的大忌，即“不孝”之名。谤议都说雍正皇帝用不正当的手段袭位，甚至说他毒死圣祖。雍正皇帝为了洗刷恶名，用尽百计千方。邹汝鲁谄迷心窍，文字失于推敲，活该倒霉。

⑨ 李凤翥“贺表”事件

李凤翥官工部侍郎,建昌（今江西永修）人。这年他奏上《贺瑞芝表》,自称“蓬荜陋儒”。另表又称“掷地才疏，敢含毫而赋五色”。雍正皇帝读后挑剔了一大堆不是，说李凤翥既然以儒者自居，就应另倍敬慎，怎能信口开河。没有作赋而称“赋五色”；如果真的作了赋，为何又不献进？说李凤翥从前听“阿其那”（八阿哥允禩）指挥，还能以儒者自命吗？说李凤翥在贴黄（奏折内容提要,用小纸条写出贴在奏折上）内把“赉”字写成“赍”字，莫不是讥笑他滥行赏赉？如此轻慢疏忽，还像“儒者”的样子吗？于是命李凤翥明白回奏，最后处分想必不会轻。

雍正皇帝以全部身心听政理事，目光敏锐，事事精明，留给后世数百卷朱批谕旨，令人惊叹。其训斥臣下咄咄逼人之词，使人不寒而栗。在他的独裁下，朝政、吏治的确得到整饬，但文风士气却被摧折殆尽。雍正十一年（1733 年）下诏征举士人，想重开博学鸿词科，谁知响应寥寥，只得作罢。人才凋零，文治废弛，以至于此，“以吏为治”和文字狱的消极影响于此可见。雍正皇帝虽然放宽言路，但大家都无话可说。监察御史李元直不识时务，上任才半年就上了数十道奏章，指责大臣唯唯诺诺无所建树，说朝廷“有尧舜，无皋夔”。雍正皇帝责问他说 :“有其君必有其臣，如果像你说的朝列没有皋、夔，我又怎能做尧、舜呢？”李元直抗辩不屈，眼看就要得祸。不料雍正皇帝却把他看作“诤臣”，召他入宫当面奖励。李元直化险为夷，比谢济世、李绂幸运得多。

此外，在乾隆担任60年的皇帝期间，制造了上百起文字狱。

刘墉心想，我何不就乾隆爷制造文字狱之机，讨乾隆爷高兴高兴？于是乎，在历史上，就记载了这么两件和刘墉有关的“文字狱”。巧的是，两个文字狱前后差了16年，但是，都是由刘墉一个人，都是在同一个地点制造的。

四、刘墉制造的文字狱

1. 阎大镛案件

和刘墉有关的第一件文字狱发生在1761年。

1761年，刘墉正担任江苏学政，“学政”这个词，我们是第一次接触。清朝在一个省级机关同时派了三个并列的机构，那个时候的省，没有省长这么一说。它有三个机构同时并列。一个机构叫承宣布政使司，简称布政司。布政司的首脑叫“藩台”，这是第一个机构，这个机构主管民政。

第二个机构叫提刑按察使司，简称按察司，按察司的首脑叫“臬台”。臬台是主管法律，主管公检法机构的。

第三个机构就是提督学政，这个名字完整地讲叫“提督学政”，简称“学政”，主管的是科举，主管的是教育，主管的是民风、民俗，包括我们讲的节日的庆典都要由提督学政来主持。这三个官员都是一样的品级，都是从二品，他们三个人互不干涉。1761年，刘墉正担任江苏学政，这一年春天发生了一件事，江苏沛县有一个举子，阎大镛，这个人辱骂朝廷，结果让人给告了，被逮进监狱。三堂会审，由于这个人是个举人，所以他就应该归刘墉管。审案子本来应该没刘墉的事，如果阎大镛是一个普通老百姓，由人家提刑按察使司来审，跟刘墉没关系，但是由于阎大镛是个举人，举人是老爷，是后备官员，必须得学政来审。当时刘墉脑筋一转，哎，立即想到，这个人既然敢骂朝廷，难道就不敢把骂人的话给写出来吗？马上派人去阎大镛家搜，他们家肯定有辱骂朝廷的词句。

结果一搜，果不其然，有两箱子纸，都是辱骂朝廷的。然后继续审判，再一审可了不得了，这个阎大镛早就不满意刘墉了，觉得刘墉这个人不好。刘墉当时也出了很多书，当时出书都是自费出版，正好他主管学政，阎大镛认为刘墉肯定把自己的书发给了这些学校。这些咱们都能够理解，结果阎大镛把刘墉的书本烧了，刘墉更是气上心头，掉头就写了两封信，一封给江苏巡抚，让其处理这件事；一封就呈报乾隆皇帝，把阎大镛辱骂朝廷还有他烧书的情节一并汇报。乾隆听说以后非常震怒，掉头就下令，杀掉阎大镛，结果阎大镛这个人就死了。这个案子应该说对于刘墉来讲不太好，不是因为他利用文字狱讨皇上欢心，而是他有点公报私仇的意思，看人家把自己的书烧了就气恼异常，就给皇帝写信。我觉得他在这个行动中，做的事有点不太好，就是有点公报私仇的嫌疑。

皇上处置了阎大镛，宣布升任刘墉当山西太原府知府。刘墉就升官了。清朝在地方设置了三层机构。

最高一级是省，第二级叫府，第三级叫县，省、府、县，三级机构。

“府”就是主管一方的官了。这个“府”一般而言都是从四品的官，有的人觉得，刘墉头两天是从二品，现在变成一个从四品，难道是升官吗？且不然，“学政”它是一个清水衙门。而知府，“三年清知府，十万雪花银”。这个“清”有两个含义，一个是很清廉的官，一个是清朝的官。谁都愿意当知府，不愿意当学政，我也愿意我自己的官职下降点，但我得实惠。刘墉那个时候担任了太原知府。

2.“一柱楼诗集”案件

刘墉在江苏制造的第二起冤案，第一起冤案与之就没法相比了，小巫见大巫。第二起冤案，八条人命啊，这个案子叫“一柱楼诗集”案。这个“一柱楼诗集”案，有很多的书都把这件案子说是和珅给办的。冤枉啊，和珅一生没少制造冤案，但是把这个案子算作和珅办的，我要替和珅鸣不平了，这件事跟和珅关系不大。它的制造者还是刘墉。1777 年，刘墉第二次担任江苏学政。他辖下有一个地儿叫东台县，东台县有一个姓徐的家庭，徐家有一个老爷子叫徐述夔，徐述夔的儿子是徐寿祖，徐寿祖养了好几个儿子，如徐食田、徐食书等。

结果呢，徐家与别人发生了争执。徐家想强买人家的地，徐家有钱，人家不卖，结果人家就恨他，你干嘛非得买我的地，我就不卖给你。徐家也有点强占的意思，结果这家就向上级说：徐家有一本书，书里面写了很多辱骂清朝的文字。这个事又赶上让刘墉处理，刘墉立即就想起十几年前的案子，他们家肯定有落在文字上辱骂朝廷的话，一查，果不其然查出了《一柱楼诗集》有问题。这《一柱楼诗集》是徐述夔写的，这个诗集里，有的诗还真有问题。我给您念两句：一句叫“大明天子重相见”，这不是恢复大明朝吗？下句叫“且把壶儿搁半边”。“大明天子重相见”的时候，我把那壶，倒水的壶搁旁边。但是加一块儿，这个壶儿不就能读成胡狄蛮夷那个“胡”吗？不是辱骂清朝是“胡人”吗？还没完呢，他还有一句呢，“明朝期振翮，一举去清都”。明朝读成明朝；期，期望着，期待着；翮，翮是翅膀，振翅高飞；去，离开，离开清都。你说说，是离开清都，还是占领清都。所以他这个诗里面，确实有违禁字迹。结果刘墉故伎重演，一方面把这个书直接派人送给乾隆皇帝，另外一方面极力查询别人的罪行。最后这个案子查出十几个人涉案，其中有八个人被处死，徐家一下死了三个人。

徐食田、徐食书、徐首发，还有沈成濯、陆琰，这几个人都被秋后处决。

另外，《一柱楼诗集》刻了好几十年了，你这个省、府、州、县的官员都不知道吗？你干嘛吃的，所以所有涉案官员，一律缉拿问罪。

3. 刘墉升任湖南巡抚

1780 年，刘墉就因功担任了湖南巡抚。说起“巡抚”这个词，我们要注意，我们学清朝史的时候，就会说到总督、巡抚。总督跟巡抚是不一样的，总督是一个军职，清朝规定，总督是总管两个省的军事，也有个别的主管三个省的军事，也有个别的比如直隶总督，就只管直隶，管一个省的军事。总督是一个正二品的官儿。总督下面要设置一至三个巡抚，如果管两个省、三个省你就要设置两个或者三个。总督下面设巡抚，巡抚也主管军事，但是更侧重于主管与百姓的军民关系，所以他也管理民事事务，这是巡抚。总督和巡抚合称就叫作“督抚”，他们就是我们所说的封疆大吏，当然也有另外一种总督和巡抚，比如河运总督，比如漕运总督，这是一种专业型总督，他的位置是不固定的。那刘墉就担任了湖南巡抚。

他得出的第二个教训是什么呢？本职工作该果敢时就果敢。他非常清楚，他这个家庭最终延续下来，没有被抄家问斩，谁帮了他？是100多年的历史帮了他。他们家100多年一直是辛辛苦苦、勤勤恳恳忠于大清朝，一直为大清朝卖命，直到他的父亲一人之下，万万人之上，令所有满、汉官员嫉妒。这样的人要是被处死，那该有多少人高兴，如果那么多人高兴，皇帝就不高兴了。乾隆皇帝清楚，我不仅仅是一个满洲人的皇帝，我还是千千万万汉族人的皇帝。像刘墉这样的家庭，几代帮助我们家的人，他不应该受到如此的遭遇。

刘墉他学了那么多年东西，他非常清楚，对于大清朝也就应该是勤于职守，也就应该是努力工作回报皇上，报效国家。

所以，他得出的第二点工作原则，努力工作。他的工作，确实很努力，得到了皇帝，也得到了百姓的称赞。

五、刘墉的“立德”

刘墉得到皇帝、得到百姓称赞的事情主要有四件大事。

1．加强对监生的管理

刘墉所做的第一件事，就是在担任安徽学政期间提了好多好的建议。将学生分成好多类型，我们现在先简单说，贡生和监生不一样。贡生选拔的原则有八种，监生的选拔原则也有八种，结果学生水平高低不一。当时的学生没法管理，面对这种情况，刘墉就给皇上提出建议，应该对这些学生加强管理，由地方官和学政共同来管理教育，还有教师，几个方面携手，把这件事变成全社会都来重视的事情，结果皇帝很高兴。这是第一件事，他办得很好。

2．迅速处理积压案件

他所做的第二件大快人心、让人称赞的事就是他担任太原知府期间，正好赶上前任太原知府留下四五十件案子，积压下来的案子都没有处理，结果他在短短的三年时间内迅速处理完了所有的积压案件。史书上记载，他赴任时是“帽破衣残到太原”。到了太原以后他发现，尽管他把这些案子都处理了，但是山西人太穷，府库里面非常空虚，怎么办呢？他就想了一个办法，我借钱也得让府库慢慢地充实，不能让国家的国库这么空虚。府库空虚主要原因是什么？没有粮食。所以他就找人借钱，买粮食，哪怕用自己的钱。最后他就找山西晋祁县的乔家借钱，乔家借给他几十万两白银。这样他借钱买了很多粮食，把太原府所有的备用仓库全都填得满满的。

3．大刀阔斧为民办事

第三件事是他在担任江宁知府的时候，大刀阔斧地干了很多事，所以当地老百姓很称颂他。那个时候比较流行弹词，他还没走，人家就天天传唱他的英雄事迹，后来有人把这些弹词编成了书，这本书就叫《刘公案》。

4．自己掏钱治理水患

刘墉做的第四件事就是他升任湖南巡抚的时候，正好赶上湖南发大水，他立即掏自己的钱，帮忙治理水患，这个也是他们家的家传，在这方面比较有作为。此外还有一件不得不提的事，就是他在担任安徽学政的时候，他发现了一个人才，这个人叫潘世恩，本身没有什么名气，潘世恩后来在道光朝担任了军机大臣。这个潘世恩是刘墉推荐的。这个人是个人才，你必须得用，天天跟朝廷说，最后朝廷就用了，用了以后果然发现是人才，后来就担任了军机大臣。这个潘世恩后来又发现了一个人才，这个人才是林则徐。所以呢，潘世恩本人虽然不太闻名，但是潘世恩以他向朝廷推荐了林则徐而著称于世，而潘世恩本人则是刘墉推荐的。

那么我们不禁要问，看来刘墉这个人还真是一个响当当的英雄，还真做了很多很漂亮的事，很多益于人民的事，难道我们群众眼中真正的英雄就真的不敢与和珅斗智斗勇吗？

第九讲 刘墉与和珅斗智之谜（三）

、刘墉到底敢不敢与和珅斗智

1．刘墉与和珅有区别么?

刘墉与和珅在为官处事的基本原则上其实没有什么大的区别：讨好皇帝，该出手时就出手。

听了这句话，我们可能心里很不痛快，觉得这就是刘墉？刘墉也会干这种落井下石的事？我们心里面可能会觉得很别扭，觉得刘墉不应该是这样的一个人。其实我们可以看到，在那样一个朝代，在那样一个社会，别说升官，别说往上爬，就是维持住自己的官位，都得很小心，很谨慎。

所以我们可以说，在某些程度上，刘墉的所作所为与和珅的所作所为，在某些方面没有什么大的区别。

当然我们可以说，细微方面，区别还是有的。

比如说，对刘墉来讲，他就不需要急于求得皇帝的承认，在他的心目中，把事情做好就得了，我既不要做给人家落井下石的事，但是我还要做更多取信于民、让老百姓欢迎的事，让老百姓称赞的事。我要让老百姓传唱我，让人家知道我是一个英雄，通过这种手段来达到影响皇帝的目的。我们家四代为官，一直与人民群众的联系很好，而和珅不可能做到这一点。和珅自小父母双亡，他靠谁，他只能靠自己去打拼，而且他每一次打拼的成果，都要急于求得皇帝的承认。所以你可以发现，相对而言两个人的脾气不一样，刘墉本人很慢，很懒，而和珅这个人脾气很急，他要求急于求成，必须求得皇帝的承认，所以他办事很快，很利索，每一件事办得都非常快，这样很容易讨皇上的喜欢。所以，在某种程度上，两个人既有联系又有区别，既有共同点又有不同点，但是共同点是多的，不同点是少的，正是因为如此，刘墉与和珅两个人碰到一块儿，发生冲突，发生争执，这是不应该经常出现的。

2. 与和珅同朝谋面前的经历

但是任何事情都有例外，尤其是当刘墉与和珅碰上的时候。就会有故事，就会有戏，两个人就会发生冲突。

因为两个人的家庭背景完全不一样，一个世代清官；一个在很短的时间内，暴富到如此的程度。刘墉一家，100多年来为大清朝尽心尽职尽责，他看到和珅贪污受贿会置之不理吗？他会理的，只是他要抓住时机。刘墉也想弹劾和珅。但人家和珅一直在中央当官，你与和珅见面的机会都没有，几十年来你一直在下面工作。别说，1782年，刘墉还真就回到了北京。那在1782年之前，刘墉在干些什么呢？我给大家一个比较简明的刘墉的官场履历。1751年到1755年，刘墉在北京工作，他在翰林院，先担任庶吉士，后担任编修，后担任侍讲，三年，一年一个台阶；1755年有段时间他在监狱，他们全家人都在监狱；1756年他开始担任安徽学政；1759年又担任江苏学政，他一直是主抓教育；1762年担任山西省太原府知府；1765年因功升任冀宁道台。

1766年又因另外一个案子案发，他被充军效力，这个案子跟他没有多大关系，是他在担任山西太原知府期间他属下有个官员贪污，他作为上级受到牵连，人家贪污你都不知道。这个官叫段成功，是山西省阳曲县的县令。段成功贪污，刘墉不知道，结果1766年，这个段成功案发，被后任知府查出来，所以刘墉连带着被发配到军中效力一年。1767年，他又回到了北京。1770年，他又到江西供职，1772年他又到陕西担任按察使。我们前面给大家介绍过，提刑按察司的按察使也叫臬台，所以刘墉这个人阅历很丰富。1773年他的父亲去世，他回到了山东诸城守孝三年，什么官都不能当。得在自己父母的坟头旁边搭一个草棚子，天天在那儿住，每天吃的是冷饭，因为热的要供着，供凉了，你才能吃，要求三年不回家，不能与家人团聚，就自己跟那儿住。

3. 刘墉回到北京

1776年，刘墉丁忧守孝三年期满，又回到北京，担任了内阁学士。没过多长时间又升了官，兼任《四库全书》副总裁。1777年，他再次担任江苏学政，1780年他又担任了湖南巡抚。1781年，刘墉回到了北京，这一回他可要真刀真枪地与和珅对着干了。

我们注意到，刘墉回到北京的时候，他可不是一个平常的人。

首先，从刘墉的曾祖刘必显1652年中进士算起，刘家作为官宦世家已达130年之久。这个家庭给了他与别人进行斗智斗勇雄厚的资本。

其次，我们可以看到，他在下面做官的时候，办了很多事，不管这个事是好是坏，但是有的是得民心，有的是得到皇帝赏识。一个地方官员，虽然说那个时候已经62岁了，人已经很老了，但是心不老啊，我们可以看到，他30多年的为官经历，打拼那么多年，办了那么多事，尤其是他到北京的时候江苏人已经传唱刘墉的事迹了，可见这么一个人是颇得民心的。在北京，他可以说是“初生牛犊不怕虎”，他可不知道和珅的厉害。

所以到了北京之后，看到和珅的所作所为，刘墉哪儿看得下去，心想，早晚有一天我要把你和珅收拾掉。

二、刘墉与和珅斗智的开始

刘墉刚回北京的时候担任的是什么官职？担任的是都察院左都御史，

可以弹劾别的官员。不管谁犯案都会犯到我刘墉的手里，你和珅官再大也得怕我吧。所以刘墉刚刚到北京，就逮着一个机会，这个机会的创造者叫国泰。

1. 国泰的资本

国泰这个人，在《历史上的和珅》里面曾经给大家介绍过，但那个时候他不是主角，所以介绍得不详细。国泰可不是一个凡人，这个人啊，他是皇妃的伯父。

也就是说，国泰有三个资本。第一个资本呢，他弟弟的女儿嫁给了乾隆皇帝，而且乾隆皇帝当时正好宠爱这个皇妃，这是他的第一个资本。第二个资本呢，国泰跟和珅非常要好。第三个资本，国泰的父亲文绶，他是刘墉的老上级，而且跟刘统勋关系很好。所以，虽然说国泰的本事不大吧，官位可是一升再升，总有人在保他，总有人在帮他，总有人在提醒他，你这件事该怎么办，那件事该怎么办。所以一路下来，从一个小小的县令很快就升迁到了山东巡抚，也成了封疆大吏，从二品了。

国泰到山东任巡抚以后，立即与山东省的文职官员于易简勾结到一起。

于易简也不是个凡人，他的哥哥叫于敏中，于敏中是《四库全书》的总裁，后来活生生地累死在任上。皇上是非常欣赏于敏中的，于易简又是于敏中的弟弟。国泰就和于易简这个人搞起了贪污。

2. 国泰案的发生

转眼之间，山东省的国库里面的钱都让他们给挥霍了，还不够，要求下面各府、州、县往上交钱，所以弄得山东属下所有州、县都国库亏空，闹得整个山东乌烟瘴气，正好又赶上山东连续三年受灾，那府、州、县怎么向老百姓收税啊？

按照过去的道理来讲，政府征税的时候就要防止这个问题。所以，遇到天灾人祸的时候地方政府跟中央请示：受灾了，应该立即把国库的粮食都发下去，今年不用交粮食了，而且要领救济粮。历来都是这样的。

但是国泰这个人不这么做，国库里没钱了，他下令继续收税。那准定有人不干，什么人不干？进士不干，举人不干。我们讲孔夫子、孟夫子、孙夫子，有文有武，哪一个不是山东人啊？所以这些山东人就不干了，一下纠集了好几百个进士和举人堵着大门口抗议。国泰毕竟是国泰，什么都不问，当即就打死了9个进士和举人。

出了人命关天的案子，而且是进士、举人被打死了。那时举人就可以被称为老爷了，一般人都惹不起，你敢把他打死，什么罪啊？在大清朝的时候，任何一个地方机关，都不得擅自杀人。你国泰什么人，9个人让你给打死了，即使说他们聚众闹事，也不能随便把人打死。

3．阿桂、福康安弹劾国泰受挫

在这个时候就有人勇敢地站出来弹劾国泰，不是一个人，好几个人，但是在这几个人里面，没有刘墉，有谁呢？这几个弹劾国泰的人可都不是凡人，前面两个联名上书皇帝的，一位是大学士阿桂，另外一位是总督福康安。两个人联名弹劾国泰，说国泰在山东治理得如何如何的糟糕。这两个人知道国泰不是个凡人，所以给皇帝留足了面子，弹劾国泰这个呈文最后建议将国泰调到京师，另委重任。国泰不是闹出人命案了吗，把他调走，换一个地儿继续当官，不是挺好吗？

但是乾隆皇帝想的是什么？弹劾人也不长眼睛，弹劾到我的伯丈这儿来了，他们家那么有钱，他犯得着贪污吗？不太可能吧，你说的话我不信，算了，我还是自己找人问问。

4．乾隆皇帝受骗上当

乾隆皇帝把阿桂和福康安弹劾国泰的呈文就给压下来了，也没找人讨论就给扔那儿了。扔那儿以后，乾隆皇帝自己派人把于易简叫来，于易简从山东屁颠屁颠跑到北京。到了北京，皇帝问，国泰在那儿怎么样，听说又贪污、又受贿、又打死人。结果于易简极力遮掩，根本就没那回事，谁胡说八道，造谣诬蔑，他只不过是为皇帝办事，只是心急了点。急于收上税，本来五月交齐就得了，他觉得三月底就应该交齐，所以有些群众有意见，是可以理解的嘛。

结果这个于易简把皇帝给说活心了，皇帝立即连续下了两道圣旨，为国泰开脱，说弹劾国泰的这两个人是风闻言事，听说的，我查了，没这么回事，于易简你回去吧，继续当官去吧。乾隆就这样受骗了。

5．不要命的钱沣再度弹劾国泰

乾隆受骗了之后，还有一个人，这个人可是一个不要命的主儿，御史——钱沣。

御史有这个资格，风闻言事，听说哪哪有什么事，我就可以弹劾，而且只要是御史弹劾，皇帝必须派人调查。这个就是御史的职责，必须派人调查。

钱沣一弹劾，奏折一上去，皇上立马坐不住了，算了，我还是派个钦差大臣吧，派两个，派一个钦差大臣解决不了问题，然后立即连下两道圣旨。第一道圣旨，国泰案一定要严厉查处。第二道圣旨，着即将和珅、刘墉任命为钦差大臣，前去山东负责查办国泰一案。

6．乾隆皇帝的如意算盘

派两个大臣为钦差，查一个国泰，看来乾隆皇帝对这件事情很重视，大有一查到底的决心。

其实诸位想错了，他派这两个人，实际想达到的是一箭双雕的目的。

第一，我派这么多人查一个案子，敲山震虎，别处的贪官听清楚了，我要下手惩治腐败了，收着点吧，有敲山震虎这么个意思。

第二，他派去这两个人，您说哪一个人跟国泰没关系？和珅，国泰的后台。刘墉，跟国泰很早就认识。这两个人不是好打点吗？不是好遮掩吗？我派这两个人去，目的是敲山震虎，是吓唬别人。国泰案子派这两个人去，没过两天，查无实据，这件事就过去了。他想，和珅那么聪明的一个人他能不理解我什么意思？有和珅在，这件事我放心。刘墉他刚到北京，虽然说当了那么多年官，好不容易到了北京，又跟国泰他们家那么熟，怎么着也得卖人一个面子吧！

乾隆皇帝他想得倒是挺好的，其实他想错了，想错什么了呢？刘墉这个人在地方待惯了，见到这种贪污案，他就生气，结果刘墉就跟钱沣搞到一起去了。第一道圣旨刚一下来，钱沣马上就想到，皇上要派人，肯定得派刘墉，肯定得派和珅，皇上一定得让他们打掩护，所以他调头就跑到刘墉他们家去了。我告诉你，估计下午该下圣旨了，让你们去当钦差，我先走，你别告诉和珅我走了，让他追不上我，我先到那儿摸清底细。刘墉就说行，有我呢，我能让和珅晚上八点走，绝不让和珅晚上七点就动身，刘墉就跟钱沣搞到一块儿去了。

三、刘墉与和珅斗智的高潮

1. 刘墉赴山东办案

乾隆皇帝想，这三个人去了，这回我放心，国泰这个案子会安然度过，那这回对于其他的贪污犯我就不客气了。他又下了一个圣旨。他这个圣旨是给军机处下的，传旨全国，并加急送给和珅，这次处理国泰贪污案的具体方针办法：查清账目，与国库银钱一一对照，贪污案好查。但是，这个受贿案不好查，告诉他们，谁要检举，咱们奖励，这两句话传给和珅了。

和珅一看，哦，我知道皇上的意思了，是告诉我只查账目和钱，只要对上就行了。

这个时候的和珅才想起来，哟，钱沣呢？跑了吧，赶忙做两件事。第一，立即给国泰通知，你的案子发了，我来查了，钱沣已经先去了。第二，命令刘墉咱们赶紧追，当然很快就追上钱沣了。

那边国泰是准备好了一切，国库空虚咱跟商人商量借钱。和珅已经告诉我了，就查账目和钱，只要对得上号就没事了。所以箱子也不用都装满了，咱给他看哪个箱子，他查哪个箱子不就完了吗？所以就在这种情况下，一行几个人就到了济南。

到了济南之后，这一行人就该查案了。当然路上就已经追上钱沣了，和珅还威胁钱沣半天，钱沣不为所动。钱沣心说，有刘墉呢，没关系。和珅根本就没做刘墉的工作，和珅当时三十来岁，他想一个六十多岁的老头子，刚到北京，国泰他们家又跟他是莫逆，我做他工作干嘛，不用做，什么都没想，就去了。

到国库一查，国泰早已经准备好一切了，所有东西都准备好了。查吧，拎了一个箱子打开，一看这个箱子，钱，满的，你钱沣是什么人啊？你是风闻言事，我们两个人是钦差，你钱沣不能查案子，明白吧。查案子是我们钦差的事，皇上说了，这两个钦差以和珅为首，所以这个得和珅去验。和珅一看，钱，账目，对得上号，行，撤，就想走了。

2. 刘墉的智慧

可是，除了和珅之外，还有一个钦差呢！刘墉一使眼色，也没说话，就给钱沣说，那我提个建议吧，咱们撤之前把国库查封，贴上封条，任何人不能进，行不行啊？和珅一想，行啊，反正我查完了，任何人不能进，只有咱们才能进，行，封上吧。和珅还不知道自己此时已经上当了。

这个时候，钱沣在想，刘墉的这个眼色，到底是什么意思呢？这里面肯定有文章！当时的刘墉没有说明！

然后，两个钦差各奔东西，回家了！当时的钦差，是自己住自己的，刘墉是山东人，人家没有个亲戚朋友？人家跟你住店去？和珅 30 多岁谁认识呀，我刘墉什么人，就把和珅给甩开了。甩开了和珅以后，告诉钱沣那个银子有问题，你去瞧吧，我还得陪着人喝酒呢，这个不是我的事儿，你去办吧。我告诉你怎么有问题，府库中的库银成色不一，国泰向商人借银子暂时充仓。刘墉回去消消停停地吃喝去了。钱沣忙一晚上，满世界地篩啊，谁家往国库交钱了，登记啊，不登记这就算国家的了，不还了。等到第二天早晨，这国库门前好几百个商人跟那儿堆上了，领钱来了。国泰第二天早上知道出事了，赶紧来了。这么多人领钱来了，国库里面的 4 万两银子，一个半天没了，全给领回去了，这个国库一分钱没有了。这个案子就暴露了。

3. 国泰案件的结果

和珅一想，这个国泰，你怎么那么笨，我啊得了，丢车保帅，我也顾不了你了，我把你卖了吧。三个人立马三堂会审，讯问国泰到底贪污多少、受贿多少。很快国泰就全招了，8 万两。除了国库的 4 万两全给花了之外，还贪污了 4 万两。这事皇上不知道，查案期间他还下了一道圣旨，向全国宣誓这个案子要查到底，绝不手软。结果，刚没几天，刘墉、和珅立即上奏朝廷，查实国泰贪污 8 万两。您知道刘墉家有多少钱？刘墉家才有 1000

两银子。国泰贪污受贿的事报告给乾隆皇帝，现在您要是乾隆，您心里头得是什么滋味？别管他的滋味有多难受了，咱们现在还回来说刘墉。

四、刘墉与和珅斗智的原因之谜

刘墉为什么要跟钱沣站在一起与和珅为难呢？我们前面分析他不应该是这么一个人，鬼使神差？不应该是。实际上促使刘墉与钱沣站在一起的原因应该说有三个。

1. 对于四道圣旨的错误理解

当时的刘墉觉得，乾隆皇帝五天之内，四道圣旨：四月初四两道圣旨，四月初六一道圣旨，四月初八一道圣旨。五天之内，四道圣旨，皇上很重视这个案子。刘墉觉得，六百里加急的圣旨啊，我有圣旨在。他就没搞清楚皇帝的圣旨是话里有话，他错误地理解了圣旨，也就是说，刘墉这个人在外地待的时间太长了，他对北京，对皇帝的话不太了解。他是聪明一世，糊涂一时。

2. 家传的工作作风

所谓家传的工作作风，指的是刘墉的家人历来就是清官。刘墉的祖父和父亲一直都极为清廉，对于贪官污吏一向是嫉恶如仇。刘墉在心底里也有着这个方面的遗传基因，只是在不合适的时机不敢表现出来而已。

3. 强大的舆论支持

第三个原因，强大的舆论支持。前有阿桂、福康安，后有钱沣。阿桂、福康安什么人啊，所以这个时候刘墉心里想，恐怕国泰这回活不了了，反正他活不了，还不如让他死在我手里，还能立个功。所以他就带着这种目的前去查案，刘墉坚定地站在了钱沣一边，与和珅为难，与和珅对着干。

五、生气的乾隆皇帝

此时的和珅只能与刘墉一起如实奏报乾隆皇帝，查实国泰贪污索贿总计 8 万两。乾隆皇帝大怒，命令刘墉、和珅缉拿国泰回京。

此时的皇妃已经在乾隆皇帝面前为国泰说情，有一些了解乾隆皇帝性格的御史也从旁附和，建议减轻对国泰的处罚。乾隆皇帝该怎么办呢？他现在处在骑虎难下的地步了，他从四月初四到四月初八前后五天的时间里连发四道圣旨，在全体官员面前表示一定要从严查处国泰贪污案，查处的结果呢？国泰贪污索贿 8 万两啊！乾隆皇帝心想，我还是得征求一下刘墉这个直接负责查处国泰案件的钦差大臣的意见。

刘墉呢？他居然还没有搞明白乾隆皇帝的真实意图，还在以民间查访所获证据历数国泰罪行，建议严厉处置国泰。在这件事上，刘墉自始至终支持钱沣，他的态度对于案情的最终水落石出起着至关重要的作用。

咱们再来说乾隆。乾隆心想，国泰你怎么这么笨啊，这个刘墉也是，我让你干嘛去了，你不知道？我都跟人家皇妃说好了，保国泰一命，将来调国泰到北京来。皇上让刘墉这几个人给涮了，皇上心里知道，这个事肯定不是和珅做的，和珅肯定知道我怎么想的，就这个刘墉办的。刘墉你等着，等着我回来收拾你，你太可恨了。

但是，国泰是保不住了，立即查，一查到底，于易简也查。后来乾隆皇帝命令国泰、于易简两个人在狱中自尽。

国泰死了，这是正义人士的一次巨大胜利，也是以和珅为首的贪污集团的第一次重大的失败。看来正义人士的日子要好过了？我们可能太低估和珅了，刘墉在这件案子中的所作所为，必定会引起和珅集团的强烈报复。

第十讲 刘墉与和珅斗智之谜（四）

一、刘墉的危险

上一讲我们给大家介绍了刘墉在社会舆论的支持之下，在对皇帝圣旨判断失误的情况之下，站在了和珅的对立面，站在了正义人士一方，坚决地查处了国泰，导致国泰和于易简二人在狱中自尽。当时的刘墉面临着非常困难的境地，也就是面临着贪污集团的报复。我们说正义人士其实想团结起来是很难的，很多人都是自己干自己的事，明哲保身即可，想形成一股合力很难。但是一旦你刘墉处置了一个贪污犯，那就会引起所有贪污犯的共鸣，你刘墉就是我们的对手。所以此时的和珅，他的后面有很多很多的支持者，也就是说，刘墉这个时候陷入了非常被动的局面。尽管刘墉在国泰一案中处置得当，因功升迁，但是这种升迁背后意味着巨大的危险。

危险来自何方呢？刘墉又如何应对呢？

首先我们说，危险来自三个方面，不是一个方面。

1. **来自乾隆皇帝的危险**

第一个危险，乾隆皇帝。我们上一讲曾经简单地分析了乾隆皇帝当时的心理，你看他在整个国泰案件中是怎么想的？先是大学士阿桂和总督福康安两个人联名弹劾国泰，要求将其调入北京换一个工作。乾隆不信，找到于易简去问，证明国泰没事。在这种情况下，他还是为自己、为国泰留了后手，派了两个他认为非常可靠的钦差大臣前去查处国泰一案，目的就是想放国泰一马。即使国泰真有这事，也放过他，没想到，整盘棋全被刘墉打乱。结果国泰被处死，于易简也死了，弄得皇帝很被动。前面四道圣旨说要坚决查处贪污腐败，国泰这个案子发生以后，他只能处死国泰。但是他心里不甘啊。就凭你刘墉，我刚把你调到北京来，你就这样做，就使我如此难堪，你太过分了，你等着吧，我收拾你还不容易？这是第一个危险。

2. **来自皇妃的危险**

第二个危险来自皇妃。皇妃本来是不应该参与政事的，但是我们说皇妃她经常向皇帝吹枕边风，“那个刘墉可不好啊，刘墉可跟他们家祖辈都不一样，这人不好”，时时刻刻在提醒皇上。

3. **来自贪污集团的危险**

第三个危险来自以和珅为首的贪污集团。我们不要轻易地认为和珅只是一个人贪污，贪污是当时的一种社会现象，他不贪污，自然有别人会贪污，只不过是他贪污得多而已。所以我们可以看到，此时此刻的刘墉，他有三个对手。

其一，皇帝；其二，皇妃；其三，以和珅为首的贪污集团。

这三个对手，他们之间是有分工有合作的，皇帝本来不应该向着贪污集团，但是国泰毕竟是朝廷高官、名门之后，乾隆想留他一条小命还是比较简单的。乾隆曾经征求过刘墉的意见，这个案子发了，你看怎么办？乾隆本来想的是从刘墉的嘴里听到“饶国泰一命吧”，结果刘墉说“这个人可恶极了，整个山东没有一个人说他好的，都认为他罪该万死，死有余辜”。皇帝没有台阶下，皇帝想的是刘墉应该给他台阶下，但刘墉很不识时务地没给皇帝台阶下。所以乾隆皇帝想，我啊，我不想收拾你，我就想难为难为你，给你难堪。皇妃每天想的是我得在皇帝面前说刘墉，我得让皇帝记住有刘墉这么一个人。和珅的任务就是我得告诉皇上，什么时候可以难为难为刘墉，我得告诉皇帝，你得抓住这个机会。

所以，此时的刘墉的日子就该不好过了，难过的日子来临了。

二、刘墉的遭遇

俗话说得好，大丈夫报仇十年不晚，我们就以十年为期说一说刘墉这个人在国泰案件结束之后的悲惨遭遇。

时间转眼就过了六年，这一年是 1788 年。这一年，发生了一件让刘墉难堪的事。乾隆皇帝与刘墉谈话，谈话的过程当中，议论到两个大臣。刘墉将皇帝关于这两个人的评价给泄露出去了。皇帝认为刘墉是故意泄露的，其目的是补授为大学士。所以，皇帝就没有授予大学士之职给刘墉。

更难堪的事还在后面，1788 年夏天，刘墉主持一次考试，考试之前，就有学生给监考官送礼，给谁送礼呢？给其中一个监考官，这个监考官叫黄寿龄。结果被御史祝德麟发现，祝德麟就弹劾这次考试有作弊的嫌疑。祝德麟说："国子监考试惟刘墉、邹炳泰二人清介素著，诸生不敢向其馈送营求。"什么意思呢？就是所有的监考官都受了贿了，只有刘墉和另外一个人除外。这两个人谁都怕他们，没有一个人敢给他们送礼的。本来在这个弹劾的文章里是夸刘墉的，但是，乾隆皇帝借着这个事将刘墉又大肆地训斥了一番：你怎么组织考试的，他们受贿你都不知道，你都不告诉我。这难堪刘墉听得多了，脸皮也厚了，就过去了。

但是下面这个，可真就是一个难堪了。1789 年，当时的刘墉兼尚书房总师傅，管所有皇子皇孙们的教育。那年也巧了，2 月底到 3 月初，本来北京应该是春雨贵如油，结果那一年，连续 7 天下雨，阴雨连绵，给皇子皇孙们上课的老师，这 7 天就没来。皇帝就严厉训斥刘墉，说刘墉本是大学士刘统勋的儿子，念其是刘统勋的儿子，特地加恩擢用。说刘墉在地方为官的时候，在府道任上还算勤勉，担任学政的时候，就开始不负责任了。

后来，把他调到北京为官，刘墉就越发懒惰，现在居然出现了在他的领导之下一连旷工七日的大事。这个人于家则为不孝，于国则为不忠。这几句话可是乾隆皇帝的原话。被皇帝这么训斥的刘墉还怎么为官？官职也被降为侍郎了，在南书房行走这个官职也被罢免，一下子刘墉就沉入谷底了，他还怎么面见诸官啊？

不要着急，为难的事还在后面呢。刘墉更加小心谨慎地伺候皇上，想把皇上伺候好了。但是在 1793 年，皇上不知哪根筋动了，又开始收拾他。刘墉为当年会试的主考官，据说因为安排失当，阅卷草率，所以违制不合格的卷子很多，皇帝说本来应该罚他俸禄十年，但是念及十年没工资吃什么啊，念及他没有功劳还有苦劳呢，算了，罚五年吧，这几年你就光干活不用拿工资了。

这还没完，1796 年，新皇帝继位。新皇帝继位之后，连续下了两道圣旨谴责刘墉的所作所为。一个圣旨是在 1796 年，嘉庆元年，有个大学士死了，就空了一个缺，应该选一个新的大学士，结果呢所有的人都推荐刘墉，嘉庆皇帝不允许，说那可不行。最后选中了谁呢？选中了乾隆皇帝很赏识的董诰。我们知道，这个时候嘉庆皇帝是一个儿皇帝，乾隆当太上皇了，所以在太上皇乾隆的授意之下，嘉庆皇帝发表了谴责刘墉的文章，说刘墉这个人向来不肯实心任事。还举了个例子，说朕曾经问他，有一个人叫戴世仪，能不能当好知府，结果刘墉告诉尚可。但皇上认为戴世仪是一事无成，什么都干不了，你刘墉作为吏部尚书，你居然说他尚可，你是何居心？刘墉一想，这不是成心吗？你知道他不行你还问我。

这还没完呢，1797 年，嘉庆二年，皇上又下圣旨谴责他，加了一句话，前面说的是什么呢？说他向来不肯实心任事，后面加了一句话，行走颇懒，极为懒惰。1797 年，刘墉 78 岁了，说 78 岁的一个老年人行走颇懒，这也成了他的罪责了。你说这是说的正儿八经该谴责的话吗？我就觉得这是没碴找碴，这个时候刘墉会怎么想？刘墉难道就不反思一下自国泰这个案子之后，自己错在哪儿了？为什么人家成心找麻烦？

三、刘墉的反思

1．刘墉与乾隆皇帝

您别说，刘墉是一个聪明人，他不能老糊涂啊，糊涂一回还不够？他就想，这回没办法了，为官处世前两条不行，我现在还得有第三条，皇帝说的对的也是对的，错的也是对的，跟皇帝没有什么道理可讲。不存在皇帝对错的问题，我现在既然得罪了皇帝，我就只能小心伺候。怎么小心伺候呢？刘墉就想，不能在为官上小心伺候，我现在怎么伺候皇上，皇上也是找我的麻烦，也是看我不顺眼，我只能在其他方面来找补找补。怎么找补呢？皇帝喜欢诗，喜欢词，喜欢歌，喜欢赋，喜欢书法，喜欢绘画，这些正好我也喜欢，我在这上面哄一哄他。我招他高兴高兴，您皇帝一说上句，我给您说个下句；您皇帝一登北海往上走，我说皇上您走路步步登高。像这样的事，刘墉做得多了。

乾隆爱去天津蓟州区（原蓟县）的盘山，为什么呢？皇帝曾经六下江南，他极喜欢江南的景致，后来不是人家都弹劾他，不让他去吗？他也老了不去了。但乾隆心想，我去不了江南我去北方可以吧，最后他就找到了盘山，他觉得盘山的景色与江南没有什么两样。所以，他曾经留下这么一句话：早知有盘山，何必下江南。乾隆爷一生多次上盘山。处置完国泰，乾隆皇帝又上盘山了。上盘山得带几个随从吧，上盘山去玩儿了，和珅肯定得带，刘墉我还得带上。满朝的文武大臣，会对对子的，流利地对对子的有俩，一个刘墉，一个纪晓岚。乾隆年间四个书法大家，刘墉是这四个书法大家的一个，纪晓岚的字不行。乾隆心想，我要是不带上刘墉，我一高兴写俩字，就我自己写，人家都瞧着，我写完人家鼓掌，就不许他们累腾累腾。连个陪我写字的都没有，算了，我还是带上刘墉吧。这样，一行人就来到了盘山。

盘山上面有个江山一览阁，在这个江山一览阁上有一个大戏台，乾隆一行还带了一个戏班子在上面唱戏，这戏乾隆爷都听过，一边听戏一边想别的事，脑子就走神了。忽然之间就想，哎，这个戏台子，六个柱子上秃秃的，没有字，我给你们出个主意，人家唱着戏，你们给我写一副对子，一个人写一副对子看谁交得快，转眼之间一个大臣写完了。这副对子是这样说的，上联是“听律吕，点破世态炎凉”，听这些音乐，点破世态炎凉；下联是“见衣冠，描尽人间冷暖”。你看这副对子好吧，但是乾隆爷说，太正规，世态炎凉，人间冷暖，我都不想听这些戏了。不好，太冷清了，太萧杀了，太肃穆了，不行不行，换一个换一个。然后又来一个人也交上来一个，这副对子是这么说的，叫“似我非我，我看我，我也非我”，这是上联，下联是“装谁像谁，谁装谁，谁就是谁”，这是对子？这是绕口令啊，所以皇上说，你这也叫对子啊，不行不行。这个时候，戏台上正演着空城计，诸葛亮端坐在城头，弹着琴，司马懿带领千军万马包围了这个城，刘墉眉头一皱，计上心来，迅速写好一副对子，这副对子上联是这样写的，“三五人可做千军万马”，都是数字吧，下联是“六七步如行四海九州”。皇帝一听，对仗非常工整，立马下旨，正中间这个柱子就刻上刘墉的对联，备下笔墨，写完了咱们让他描上，贴上面。现在盘山这个江山一览阁上正中间那副对子，就是刘墉手书的。这类事，哄皇上高兴的事，对刘墉来说还是比较容易的。

2. 刘墉与和珅

但是，和珅会天天提醒皇上的，您千万不要忘记国泰案啊。所以，刘墉还得哄哄和珅。哎，还要哄和珅吗？要哄的。他天天与我为难怎么办，所以我还得注意，为官处事还有第四条基本原则，对于贪官如何周旋呢？对于贪官就要投其所好。有人不太高兴，刘墉投降了？要跟和珅讲和？对啊。不应该吧？那您说应该怎样啊？跟和珅拼个鱼死网破，你死我活，刘墉可不是那样的人。咱们君子斗智不斗勇，大丈夫报仇十年不晚，来日方长，我该低头就低头，我该服输就服输。反正国泰他是死了，我给你低俩头，这个贪污犯他也活不了了。所以刘墉那可是宰相肚里能撑船啊，所以他立即就想到，我一定还要哄和珅高兴，怎么哄呢？

其实，刘墉这个人是书法大家，一世以书法闻名，史传其“书名满天下，政治文章皆为所掩”。其书法特点之一是用墨浓重，故人称“浓墨宰相”。貌丰骨劲，别具面目，尤长小楷，与翁方纲等人齐名。

刘墉本人向来以书法闻名的，我们知道，在国泰案之前，刘墉与和珅两个人未曾谋面，两个人不认识，和珅太小，刘墉老在外地当官。

1782 年应该说是双方第一次接触，一接触人家和珅必定会寒暄几句，因此在寒暄的时候，就向刘墉索要字画。刘墉没应，我才不给你呢，但是不能这么说，改天改天，我写完了给你送过去，亲自登门送过去！可是，刘墉一直没有给和珅送过去。

国泰案件之后，刘墉急急忙忙就给和珅写了两个屏风，还不是仅仅写了几个字，给人家买了屏风，然后找人抬着，亲自给送过去了。

这件事好多史书上都对刘墉嗤之以鼻，现在还有很多在世史学家，都觉得刘墉这件事做得不咋样。

虽然很多人都觉得刘墉这件事做得不咋样，但是我倒觉得可以理解，为什么呢？

毕竟为官处事还要有下面一条，就叫大丈夫报仇，十年不晚。刘墉心里还是想，这个贪污犯，我一定要收拾你，我一定要收拾你这个贪污犯的总后台。

3．刘墉与嘉庆皇帝

但是时机不到，我不能贸然行动，我得等，我得等待时机，我得等待新皇帝继位的时候。所以刘墉早把工作重点放到了新皇帝嘉庆那儿去了。嘉庆皇帝一继位，刘墉实际上就已经时来运转了，前面嘉庆谴责他，本来就是太上皇的意思，嘉庆皇帝是非常欣赏刘墉的。1798 年年底的时候，乾隆糊涂了，快过世了。在那个时候嘉庆皇帝就表现出对刘墉异常欣赏。此前不敢表现啊，不敢让太上皇知道，我欣赏刘墉，讨厌和珅啊。所以在这一年，朝鲜有个使者叫洪乐游，那阵儿朝鲜是中国属国，每年要参拜一番。这个洪乐游回国之后，跟他们国家的国王说了一段话，现在这段话记载在他们国家的史书上，洪乐游说，“阁老刘墉之言最多采纳，皇帝眷注”，皇上异常关注的意思，“异于诸臣”，跟其他的大臣不一样，然后说，“盖墉夙负朝野之望”，素来刘墉在朝野中的声望就很好，后面还有一句，“为人正直，独不阿附于和珅”。人家朝鲜使者在和珅没有倒台之前，在乾隆太上皇没死之前，就这么写了。那个时候，嘉庆皇帝就非常重视刘墉了，到了 1799 年正月，太上皇乾隆死了。第二天，刘墉立即被新皇帝召到尚书府去值班，每天都要陪着新皇帝，随时过问，什么时候怎么做。乾隆皇帝刚一死，各地弹劾和珅的奏章立即雪片般飞向北京，弹劾和珅及其手下。在这个时候，刘墉提醒皇帝，第一，速战速决。第二，只问和珅，不及其他。否则的话，社会就会乱。你不速战速决很有可能会有人杀个回马枪，这些人势力很大，很有可能造成地方动乱。你如果杀人太多，除了和珅之外，贪官还有很多，很有可能大清朝就挺不过今年，所以速战速决，只问和珅。皇帝接受了刘墉的意见，很快就处死了和珅。

《宰相刘罗锅》这部戏的最后，曾经有一个镜头，和珅坐在监狱里面，张望着，这些大臣有没有人来看看我啊，没有。等了好多天，只有一个大臣前来看望和珅，这个大臣就是刘墉。刘墉看望他以后，拿了很多酒菜陪着吃喝，当时和珅很感动，说，哎哟，我天天跟你斗气，我天天跟你斗智，想不到我心里想的什么就你知道啊，你我真是知己啊。来，咱们为互为知己干一杯，这也是最后一杯了，刘墉说，你等等，干杯可以，但是我要提醒你，我了解你，所以我是你的知己，你不了解我，所以你不是我的知己。和珅说，来来，咱们为你是我的知己，而我不是你的知己干杯。我看《宰相刘罗锅》的时候，我觉得这个情节虽然是编导虚构的，但是它有真实存在的可能。当时刘墉代表的是皇上，刘墉必然会告诉和珅，你这辈子哪儿错了，我要让你死得明白，所以这个情节应该是有依据的。

和珅死了以后，刘墉彻底走到了台前，依然坚持着他那种清正、廉洁的工作作风，家里头很清贫。说 1800 年这一年，刘墉的老家山东诸城受灾，老家给他写信请求支援。结果他指着来人说，你看我们家的房子破成这样了，都漏雨，我得花钱修。两个院子都漏了，我需要 1300 两银子，才能把这两个院子修好。我现在手里只有 1000 两，所以今年我只能修前院，后院不能修。您跟我要钱，真抱歉，我也没有。所以，就把来人给打发回去了。也正是因为刘墉的清廉，所以人民才会把所有的希望寄托在他的身上，才会把所有美好的幻想安在他的身上。

1804 年，刘墉以 85 岁高龄去世，刘墉一生有很多很多朋友，其中最密切的朋友、最莫逆的朋友，应该说是纪晓岚了。

第十一讲 刘墉的智慧故事

刘墉不仅是一个廉洁耿直的政治家，还是一个才华横溢、涉猎颇广的著名学者。

自从有了文字，就有了书法。中国书法是一门古老的艺术，它伴随着中华文明的发展而发展。书法比较集中地体现了中国艺术的基本特征。正像在西方美术中建筑和雕塑统领着其他门类艺术一样，书法和绘画则统领着中国美术的其他门类，被列为中国美术之首。刘墉就以其书法和诗文闻名于世。

一、书法家刘墉

1. 刘墉的书法成就

刘墉是一个著名的书法家。历史上记载，他的“书名满天下，政治文章皆为所掩”。其书法特点之一是用墨浓重，因此当时的人都称他为“浓墨宰相”。他的字，最为闻名的是小楷，貌丰骨劲，别具面目。与他相对应的是“淡墨探花”王文治。

刘墉的书法与翁方纲、梁同书、王文治齐名，被称为乾隆朝四大书法家。

刘墉不但书法好，他还很懂书法的历史。

他曾著有《学书偶成》诗30首，阐述其书法理论。

比如，他说到中国书法的创始人李斯、蔡邕等人时说道："博雅中郎有古风，廓清摧陷亦豪雄。力追秦相残碑法，未遣销沉劫火中。"

又比如，他说到中国将隶书转化为楷书的曹魏钟繇的书法时说道："书到元常体最多，新声未变古谣歌。典型已觉中郎远，野鹜纷纷更若何。"

还比如，他说到中国的"书圣"王羲之的书法时说道："内史风流已变新，更将遒媚绚真淳。颖川法嗣晨星在，衣钵传来有几人。"

他不仅工诗善书，还擅长水墨花卉，精于古文考辨。

2. 后人对刘墉书法成就的评价

比较而言，刘墉在书法史上的最大贡献是对传统书法的创新。此后的清朝人评价刘墉的书法时认为其成就甚高。

《松轩随笔》谓：刘文清书初从松雪入，中年后自成一家，貌丰骨劲，味厚神藏，不受古人牢笼，超然独出。又云：本朝书法当以王文治、刘石庵为最，王犹依傍古人，刘则厚而能脱，入乎古人又出乎古人。

包世臣《艺舟双楫》谓："文清少习香光，壮迁坡老。七十以后潜心北朝碑版。虽精力已衰，未能深造，然意兴学识超然尘外。"又云：近世小真书以诸城为第一，所诣出苏、董两家之外。又在其《与吴熙载书》中谈到"坡老书多烂漫，时时敛锋以凝散缓之气。裹笔之尚，自此而盛。思翁晚出，自知才力薄怯，虑其解散，每以裹笔制胜。然亦用之救败耳。及近人刘诸城，乃专恃此。又先以搭锋养其机，浓墨助其采，然后裹笔以作其势，而以枯墨显出之。遂使一幅之中，浓纤相间，顺逆互用，致饰取悦"。又云："墨法则以浓用拙，以燥用巧……使白黑相当，枯润互映，以作插花授镜之致。卷帘一顾，自成万态。然其心思悴于字内，筋力尽于画中……"又云："诸城相国，祖述华亭，又从山谷笔短意长一语悟入，窥破秘旨。虽复结构伤巧，较华亭逊其遒逸，而入锋洁净，时或过之。盖山东多北魏碑，能见六朝真相，此诸城之所以或过华亭也。"陈希祖谓："二百年士大夫，善学华亭者，惟诸城耳。”

王文治曰 ：“石庵于轨则中时露空明 ；于运用中皆含虚寂。拙中含姿，淡中入妙。反复审视，乃见异趣。”

《芳坚馆题跋》谓：“晋唐元明诸大家，得力全是个静字，须知火色纯青，大非容易。国朝作者相望，能副是语者，只有石庵先生。”

《频罗庵题跋》谓 ：“今之能为魏晋人书者，惟石庵先生。虽随意书尺，亦可玩视。”

《求阙斋日记》谓 ：“阅刘石庵清爱堂帖，其起笔多师晋贤及智永千文，用逆蹴之法，故能藏锋。”

徐珂《清稗类钞》谓：“文清书法，论者譬之以黄钟、大吕之音，清庙、明堂之器，推为一代书家之冠。盖以其融会历代诸大家书法而自成一家，所谓金声玉振，集群圣之大成也……盖其自入词馆以迄登台阁，体格屡变，神妙莫测。其少年时为赵体，珠圆玉润，如美女簪花。中年以后，笔力雄健，局势堂皇。迨入台阁，则炫烂归于平淡，而臻炉火纯青之境矣。世之谈书法者，辄谓其肉多骨少，不知其书之佳妙，正在精华蕴蓄，劲气内敛。殆如浑然太极，包罗万有，人莫测其高深耳。”

康有为《广艺舟双楫》谓：“石庵亦出于董，然力厚思沉，筋摇脉聚。近行世草书作浑厚一路，未有能出石庵之范围者，吾故谓石庵集帖学之成也。”

曾农髯谓 ：“文清出自董思翁，而能上跻魏晋，力厚骨劲，气苍韵遒，以何道州之天才，亦不无取法，信帖学之大成也。”

杨守敬谓 ：“文清书如绵裹铁，人无异议。余尝见其少作，实从松雪入手，以后则专精阁帖，尤得力于钟太傅尚书宣示，故雄深雅健，冠冕一代。”

何维朴谓 ：“从来学赵承旨书者，易流为圆熟软媚一派，惟文清由承旨入手，而能脱离窠臼，自成一家。骨力坚凝，神味渊永，晚年深造古淡，视明董宗伯有过之无不及也。”

稍有非议者如《履园丛话》说 ：“文清书本从松雪入手，灵峭异常，而误于《淳化阁帖》，遂至模棱终老。”

据清人记载：乾嘉之间，都下言书，皆推翁、刘两家。戈仙舟学士，覃溪（翁方纲）之婿而石庵门人也，尝质石庵书诣于覃溪，覃溪曰："问汝师那一笔是古人？"学士以告石庵，石庵曰："我自成我书耳，问汝师那一笔是自己？"

《书林纪事》还记载了这样一段故事。包慎伯（世臣）尝谒石庵相国于江阴舟次，论晋、唐以来名迹甚协。石庵曰："吾子论古无不当者，何不一论老夫得失乎！"慎伯曰："中堂书可谓华亭高足。"石庵曰："吾子何轻薄老夫耶。吾书以拙胜，颇谓远绍太傅。"慎伯曰："中堂岂尝见太傅书乎？太傅书传者，惟《受禅》、《乙瑛》两分碑。《受禅》庄重，《乙瑛》飘逸。汇帖唯唐摹《戎路》略有《乙瑛》之意。《季直表》乃近世无识者作伪，中堂焉肯绍之耶？中堂得力在华亭，然华亭晚年，渐近古淡，中堂则专用巧，以此稍后华亭耳。"

包世臣《艺舟双辑》列刘墉小楷为妙品下，行书为能品下，榜书为能品上。

曾师从刘墉学习书法的英和说："吾师文清公克守庭诰，相继为相，燮理之暇，述作不倦。"对此，刘墉最为得意，据说他晚年曾不无得意地对门生英和说过："子他日为予作传，当云以贵公子为名翰林，书名满天下，而自问则小就不可，大成不能，年八十五，不知所终。"刘墉曾就自己的才艺评价说："吾生平有三艺，题跋为上，诗次之，字又次之。"

实际上，刘墉的文章、诗词、书法均为上乘，不分高低上下。史称："文清少跻馆阁，通掌故。中年扬历封圻，外娴政术。及继正揆席，天下呼为'小诸城'。所学贯串经史百家，诗遒炼清雄，题跋尤古雅。"

正因为刘墉学识渊博、经学根底深厚，他在乾隆皇帝弘扬传统文化、"稽古右文"之时，多次被谕令编纂官修典籍。乾隆四十一年（1776 年）九月充《四库全书》馆副总裁，并派续修《西域图志》和《日下旧闻考》。乾隆四十七年（1782 年）三月充"三通"馆总裁。乾隆五十一年（1786 年）充"玉牒"馆副总裁。其间还多次与诸皇子一起点校宫中秘笈如《珠林秘笈》等。嘉庆六年（1801 年）十一月充会典馆总裁。对此刘墉都能按期完成任务，为保存祖国文化典籍和繁荣学术文化事业作出了应有的贡献。

3．刘墉的传世作品

刘墉的传世作品以楷书、行书为主，如：

《小楷册》，书于嘉庆元年（1796 年），24 行共 360 字。今藏北京故宫博物院，刊于日本《中国书道全集》，收入《中国书法鉴赏大辞典》。包世臣谓刘墉“近世小真书为第一”。马宗霍《霎岳楼笔谈》谓：“尝见文清临《瘗鹤铭》，具廊庙之度，而兼山林之气。知其小真书之妙，盖深有得于此。”与杨守敬等人认为刘墉得力于钟太傅和董其昌的观点有所出入。

《苏轼秋阳赋》，亦刊于日本《中国书道全集》，收入《中国书法鉴赏大辞典》。今人评：王文治专取风神，刘墉专讲魄力。同样是小楷，王文治清秀神逸，刘墉则力厚思沉。细审此帖，实得钟太傅之风神。

《赠竹泉八言联》，行楷。联文为“衔其山川拾其香草，蒸以灵芝润以醴泉”。无锡博物院藏，刊于《中国书法》1987 年第 3 期。评者谓其：以柔毫落笔，藏头护尾，不露一丝锋芒，但却内蕴丰神，力在字中。

《赠鹭塘七言联》，行书，文为“诗成锦绣开胸臆，论极冰霜绕齿牙”。刊于日本《明清书道图说》。《行书七言联》，文为“人得交游是风月，天开图画即江山”。辽宁省博物馆藏，刊于日本《中国书道全集》。以上二联皆收入《中国书法鉴赏大辞典》。虽都近行楷，却有异曲同工之妙。评者谓其：用笔以搭锋养势，以折锋取姿；墨法则以浓用拙，以燥用巧。枯润相映，味厚神藏，得书法之静气而迥异于时风。

《行书立轴》，4 行共 22 字，刊于日本《明清书道图说》；《节书苏轼远景楼记轴》，书于乾隆五十七年（1792 年），刘墉时年 73 岁。6 行共 95 字，辽宁省博物馆藏，刊于日本《中国书道全集》；《何中早起诗轴》，5 行共 60 字，日本京都国立博物馆藏，亦刊于日本《中国书道全集》。以上三者皆属于行草，皆收入《中国书法鉴赏大辞典》，虽风神略有不同，但其书卷气与浓墨凝重的感觉与丰腴敦厚的书风，以及无一字相连而气脉贯通、挥洒自如的特点完全一致。尤其是《行书立轴》被评为于浓重中时透空灵，运用中存在虚寂，古拙中暗含姿媚，真气弥漫，形假质真，妙伏契机。

《苏轼游道场山诗卷》，书于 1795 年，为刘墉 76 岁之作，40 行共 305 字，为行书长卷，宽 31.4 厘米，长 190.5 厘米。今藏上海博物馆，刊于日本《中国明清书法名品图册》，堪为其晚年的行书代表作。近代谭延闿跋此书“老味溢出，得苏之神，最可爱玩”。萧俊贤跋：诸城书晚年苍老，渐已流入荒率。余在粤东时，曾见孔子三十六铜鼓斋所藏（刘墉）大幅，精力弥漫，殊多含蓄不尽之趣，定为诸城中年用工时书。斗南先生出示此卷，视前所睹者，殆相伯仲，真迹无疑。评者谓刘墉中后期确曾对苏书有较深的研究，谭延闿谓此卷得坡公之神，在“笔墨饱满，化刚为柔”的特点上确与苏相近。但二者比较，毕竟貌合神离，在表现形式上也各有特点。

《节录文徵明跋黄庭坚书经伏波神祠诗轴》，行草，6 行 76 字，上海博物馆藏，刊于日本《中国明清书法名品图册》。此书虽亦属行草，与刘墉其他作品相较稍瘦，但其章法上之“截流为断，字字独立，笔笔稳健”的特点不变。

刘墉的墨迹传于世者，有由其侄儿刘镮之（嘉庆朝户部尚书）刊刻行世的《爱清堂石刻》。

《书林记事》还有这样一段记载：“石庵有三姬，皆能代笔，可乱真，外人不能辨。晚年书代笔最多，其但署名石庵二字及用长脚石庵印者皆代笔，署瑛梦禅者亦其一也。”

二、诗人刘墉

1．刘墉的诗

刘墉的诗也值得称道，但可惜流传下来的太少，只有由其侄孙刘喜海辑其遗诗成集，于道光六年（1826 年）刊刻行世的《刘文清公遗集》17 卷，《刘文清公应制诗集》3 卷。

英和赞其词章曰：其言冲然以和，“浏然以整，而又贯串乎经史，宏览乎诸子百家佛老小说，故其言……华而不缛，雄而不矜，逶迤而不靡世”。

王昶称刘墉的诗清新超悟，有香山东坡风格。

这些评价都有中肯的地方，我们从仅存的《刘文清公遗集》中也可看到这一点，他的诗体裁和内容都很广泛，语言朴实清新，颇有可读性。

他在 1767 年写的一首《从军行》道：“辛苦长防万里秋，归期休问大刀头。不惊夜火烽传警，却怕新声笛起愁。”真实地反映了军旅生活的思乡之苦。

又如他在《甲辰重阳日十刹海灯下》写道：“天际白云吹尽，林间黄叶飞来。原自不离色相，何曾一惹尘埃。明月同光处处，莲花妙印心心。会取定中不隔，无劳梦里相寻。”写出了当时的季节风景和他对佛学的认识。

题跋更是如此，一首《题画》说：“一树垂杨万缕金，春风澹荡碧波深。闺人倦绣闲相约，来试纶竿就绿荫。”描绘了闺中女子春天出游的情景。另一首是：“茅舍村童亦有师，或凭书案或窥篱。驱猪忽入慈亲眼，转忆韩公教子诗。”形象地描述了村塾学童的顽皮可爱。

刘墉给侄儿刘镮之（乾隆四十四年进士，时在翰林院任职）的一首诗称：“图书汇万几年成，拜赐纶言世业荣。此后铅黄欣涉猎，向来馆阁忝衔名。襟颜披对人千载，光岳函珍富百城。示汝古香知爱否，夜窗勤就短檠明。”此诗反映乾隆文治盛世，刘主馆编书，目睹全国进呈书籍之盛况，内府藏书之渊薮，望侄儿镮之为官做人务必继续勤读圣贤书。

另一首《田家行》道：“只轮车，秃尾驴，大户小户输官租。官租输罢剩仓余，酿秫成酒不用沽。雨足春畦撷春蔬，东邻西舍邀欢娱。田翁诈醉泥孙扶，长男生子争含哺。中男娶妇孝于姑，小儿假馆粗知书。半年乐岁一事无，闲道皇家贳旧逋。”描绘出盛世农家喜庆丰收，交官租后合家欢乐之情，以及乐道朝廷蠲免所欠旧赋的政策。

2. 刘墉对联故事

（1）题扬州别有洞天狗肉火锅店对联

别有风味，雪煮狗肉成上品（刘墉）；洞天佳肴，梅花佐酒大不同（郑燮）。

——刘墉、郑燮合题扬州别有洞天狗肉火锅店

相传清乾隆年间，扬州书画海内闻名，而“扬州八怪”则尽人皆知，这八怪之首当推郑板桥。板桥人称诗、书、画“三绝”，但行事乖僻，达官贵人厚金买字，板桥不卖，贫老孤儿分文没有，板桥却能慷慨相赠字画，在扬州传为美谈。板桥生性简朴，只有一嗜好，那就是喜食狗肉，每到冬

日，当炉热酒，有狗肉相佐，则为平生第一大嗜好也。话说一日，天降大雪，扬州乃江南之地，雪极少见。板桥颇想踏雪寻梅之雅，于是，带一书童，往城南而走。为何去城南，因城南的梅花最好。到城南过一小桥，见有一院落，梅花开得正旺，大门上题一匾额“别有洞天”，写得古雅朴茂，引人注目，又闻有肉香飘忽，历久不散，板桥一闻是狗肉的香味，这可正对了板桥的心思。可这狗肉的味道与往日不同，香得动人心魄，让人必食之而后快！板桥吩咐书童，我欲结识其家主人，你去通报，就说郑板桥来访！说罢转身在桥边等候。过了一会儿，那书童手中拿了一张纸，说：“先生，那家主人说久仰你的大名，但不知是真是假，出了一个上联让您对。”哦？！这下板桥可来了兴致，对联，小菜一碟。板桥接过上联，略一沉吟，笔走龙蛇，对出下联。那童子奔跑如飞，送去了。片刻只见大门洞开，里面走出一人，弓腰驼背，是个罗锅。那人走到板桥近前一抱拳：“板桥先生，在下石庵，请里面叙话。”板桥大吃一惊！连忙回礼，与那人携手入室。石庵是谁，乃名臣刘墉也，因得罪权臣和珅，被皇上贬到扬州看城门，那刘墉宠辱不惊，却雅好书画，早想结识怪杰板桥。他知板桥常来城南，就在此买了一处宅院，取名“别有洞天”。恰好天降大雪，刘墉告假回家，用火锅焖起了狗肉。这焖狗肉可是刘墉的独门绝技，因其祖上曾以狗肉为主料，佐以龟汤和煮，专用于延年益寿，补养身体，可得奇效。刘墉家传，用此秘方绝技。得知郑板桥到此，这下派上用场了。却说板桥与刘墉走进客厅见门上有副对联，上联写“别有风味，雪煮狗肉成上品”；下联配“洞天佳肴，梅花佐酒大不同”。此即为二人先前所对之联也。二人相视大笑，共享狗肉。品尝之余，板桥赞叹：“这狗肉火锅，以龟汤入美味，真是别有洞天啊！”刘墉拍手称妙，连声说：“谢板桥兄为狗肉赐名。”板桥一愣，恍然大悟。他真诚地对刘墉说：“石庵先生宠辱不惊，在下敬佩之至。愿以墨存世，以志后人。”说罢挥毫写下八个大字：“别有洞天狗肉火锅！”刘墉与板桥结为知己。后来，刘墉官复原职，“别有洞天狗肉火锅”得以落户京城，这“狗肉火锅”以其龟和、补汤、味美号称“三绝”而名扬天下，流传至今。

(2) 刘墉应对乾隆对联

大佛寺前，竟有千娇佳妇（乾隆）；小家碧玉，俱属万岁臣民（刘墉）。

——刘墉应对乾隆

乾隆身边大臣中多有机智善辩之才，乾隆贵为皇帝，既好与群臣开个玩笑，又要保持身份的尊贵。而大臣们在乾隆面前，既要抒发观点，适时进谏，又须防皇上迁怒，应答时非常小心。于是，许多对句就采用了含蓄的方法，寓意其中，充满着巧妙与机智。据说乾隆是个“风流才子”，有些贪恋美色。一天刘墉跟随他出访，在大佛寺门口，刘墉见皇上看着一位美貌少妇发呆，便觉不妥，故意问：“是否凝思佳对？”乾隆不禁脱口道出上联，说罢催刘墉对下联。刘墉觉得该打消他这个念头，就婉转地对出下联。乾隆明知其用意，虽有些不悦，却也收回心思移开了脚步，细思这个对句确也对得十分精妙。

半壁山，山中石，稀烂棒硬（乾隆）；武烈河，河内水，翻滚冰凉（刘墉）。

——刘墉应对乾隆

乾隆出对也有游戏或粗俗一些的，像是与对方开个小小的玩笑，却是别有味道。如民间老艺人杨志民讲述的《刘墉与皇帝对对联》的故事说：乾隆与刘墉登“四面云山”亭上观景，见山庄对面的半壁山，山石裸露，人大小小，灵机一动就出了这句上联，让刘墉对。刘墉一时不知如何答对，抬眼往东一看武烈河水滚滚东去，不觉计上心来，忙对以下联。乾隆接下又指武烈河边的罗汉山与南面的僧帽山戏说一上联。

罗汉光头，为何不带僧冠帽（乾隆）；拐李腿瘸，焉能走过天桥山（刘墉）。

——刘墉应对乾隆

刘墉联想到远处的天桥山答对下联。这上联词语粗俗，但对得也算精妙。只是刘墉这联稍有欠处，“拐李”虽与“罗汉”相对，但“罗汉”指的是罗汉山，乃城中一景，而“拐李”虽字面相符，却无实地实景可录。虽有欠处，但此联实在难对。据说后来不少文人学士争相为此联续对，终未有满意之作，刘墉对得上来也算是不错了。

风吹鸟巢，二三子连颗击地（乾隆）；雨打荷叶，众诸侯顶帽朝天（刘墉）。

——刘墉应对乾隆

相传某日，乾隆皇帝光临刘墉家，正值山雨欲来，一阵风起，屋檐下巢边的雏燕被吹落了几只。此时，乾隆皇帝便有感于心。进得门来，刘墉慌忙来迎，叩拜谢恩，大礼过后，乾隆皇帝突然想出一联，要刘墉对，上联是："风吹鸟巢，二三子连颗击地。"刘墉听罢，确实为难，此联一语双关，这"二三子"指的是诸侯，"连颗击地"是谐音双关，即"连科及第"，喻指中了状元，乾隆皇帝赐联高妙。刘墉正为难之际，窗外已经下起雨来，忽见假山之上，一群猴子正在雨中，为了避雨，猴群便把池边的荷叶摘下扣在头上。看见此景，刘墉豁然开朗，对出下联："雨打荷叶，众诸侯顶帽朝天。"乾隆听罢，哈哈大笑，连连称赞对得巧妙。原来下联的"众诸侯"正好和上联的"二三子"相对，指同一事物，从表面上看，并不对仗（应该是数量词相对），但是，"众"和"诸"都是指"多"，所以是很工整的对偶句，再看"顶帽朝天"，喻指对天子的尊重，用猴群取代群臣，一语双关。

有一年端午节，乾隆下江南路经保定府，刘墉陪着他上街游玩。大街上人来人往，十分热闹。临街一座高门楼上横挂一匾，上写"仁和诗社"。乾隆一见，心里就痒痒起来，便拉着刘墉说："走，到里面凑凑热闹去！"

二人进了门，见是一个四合院儿，院子不大，却很雅静。正房走廊中摆着条案，条案上放着折扇、汗巾、玉石扳指、鼻烟壶等各种酬谢之物。条案后面坐着一文雅书生，看上去不过二十余岁，是社主。两配房的走廊里也各摆有一条案，条案上放着文房四宝，墙上贴有各种诗赋题目。走廊里已有十几个人，正在观题纸，想诗句。乾隆和刘墉来到正房，见过社主，挂了号，签了名。乾隆称自己是北京顺天府人氏叫高天赐，刘墉只说姓刘。

二人来到配房走廊里寻题觅句。乾隆选好联句，便对刘墉说："我们比比联句吧！"刘墉答应后，二人便各选了一副上联。不大一会儿，刘墉已经对好，只因乾隆还未对出，就在那里闲逛，并不时扫一眼乾隆。又过了一会儿，乾隆双手一拍说："有了！"便转身奔到条案前写出下句，刘墉也连忙写出下句，一同交给社主。社主一看，见乾隆选的上联和对句是：

冬夜灯前，夏侯氏读春秋传；东门楼上，南京人唱北西厢。

刘墉选的上联和对句是：

西浙浙西，三塔寺前三座塔；北京京北，五台山下五层台。

社主看后连连称赞，把一柄金面苏扇递给刘墉，把一条汗巾递给乾隆，说：“二位诗翁对得都好，但从意境上看，高翁之句似不如刘翁之句深邃。”乾隆听后很不服气，就又拉了刘墉去找句，一会儿两人又各对了一联交给社主。社主见乾隆选的上联和对句是：

枣棘为薪，截断劈开成四束；阊门起屋，移多补少作双间。

刘墉选的上联和对句是：

七里山塘，行到半路三里半；九溪蛮洞，经过中洞五溪中。

社主连忙又取一些赏物交给二人，站起身来说：“二位诗翁真是奇才，晚生这里拜过了！”

3. 刘墉故居故事

（1）北京刘墉故居

刘墉的故居，按《天咫偶闻》记载在“胡同西头”，不知是作者误记、笔误还是其他什么原因，因为从现在的实际情况看，刘墉故居应在胡同的尽东头。其中61号院的大宅门，是刘墉故宅的一部分，当年为“轿房”，是轿班和管事们所住。再靠东的43号院，大致可以确定为刘墉故居的正房。其最引人注目之处，是大门两边各有一块存留至今的汉白玉上下马石。据悉，京城现今仍保留上下马石的四合院已经不多，而汉白玉材质的上下马石，43号院为迄今发现的独一处。据《天咫偶闻》记载：刘文清公故第在驴市胡同西头，南北皆是。其街北一宅改为食肆，余幼时屡过之，屋宇不甚深邃，正室五楹，阶下青桐一株，传为公手植。街南墙上横石，刻“刘石庵先生故居”七字。今屋皆易主，北宅久拆，横石亦亡矣。据现在43号院的居民介绍，这所大宅院一直保存相当完整、精致，北京解放时，由部队所接管，海军使用。以后海军司令部建在西郊，这所宅院辗转交换，变成了中国社会科学院的一个家属宿舍。他们刚搬来时，大门对面的南墙，还有一个大影壁。院内分为几重院落，二门的垂花门都还在。以后人口越来越多，住房越来越挤，太过占地的垂花门被拆掉，院里也加盖了不少小厨房等临时建筑，把第三重院落的超手回廊等也基本拆除了。现在则变成了一个大杂院，迄今有30

多户近百人住在其中。据一位住了多年的社科院老住户介绍，紧邻 43 号院东侧，原来也是一个大四合院，相传是刘墉之父刘统勋的故宅，可惜已经全部拆除，建成了六层大楼，成了北京市财贸管理干部学院，旧踪遗迹是再也寻觅不到了。

（2）山东省诸城刘墉故居

心为大清，不要管刘姓何姓；志在报国，何必分汉人满人。

匾额：天下第一家

——山东省诸城刘墉故居联

一天，早朝已退，文武百官都各自散去，只有和珅跪在金銮殿不走，乾隆皇帝问他："爱卿没有退朝，莫非有什么要紧事吗？"和珅说："启奏万岁，我近日听说，刘墉私用公款，在他的山东老家大兴土木，修建一座比御花园还要讲究的园林。刘墉心存不轨，望皇上明察。"乾隆听了一愣，皱起眉头，心道：都说你刘罗锅为官清正，原来你也是个口是心非的贪官呀！于是决定趁南巡的机会，亲自到刘墉的山东老家察看一番。这一天，皇帝南巡的一队人马，来到山东济南府地界，老远就见一户民宅，杨柳成行，溪水环绕，真是一处风景幽雅的地方。走到跟前一看，门上写着这副联匾。乾隆思索了一会，觉得有点好笑，心想：普天之下，除了爱新觉罗氏我弘历这一支，有谁敢来妄称什么天下第一家呢？他想知道个究竟，就去叩门。随着敲门声，走出来一位黑胡子老头，约有五六十岁。乾隆问他："请问，这天下第一家做何解释？"黑胡子老人摇摇头说："这事还得问我父亲。"乾隆跟随进到二门，老头敲了几下门，又迎出来一位花白胡子老头，大约七八十岁，乾隆躬身施礼："请问，这天下第一家做何解释？"花白胡子老人也摇摇头说："这事还得问我父亲。"乾隆暗自琢磨：这两位老者仪态高雅，举止非凡，必然有点来历，断然不是一般人家。这时候，第三道门已经打开，迎出来一位白胡子老头，约摸有百岁开外的年纪。他穿着一身素色衣服，手拄一根龙头拐杖，乾隆赶紧上前施礼。老人连忙把皇上搀扶起来，说道："请万岁免礼。"皇帝的随从正在纳闷：皇上是一国之君，为什么向一个乡下老人行礼呢？就听乾隆对老人说："我在年幼时，听皇祖康熙对我说，他曾经把一根龙头拐杖赏赐给济南府的一位功臣，这根龙头拐杖被敕‘上打君，下打臣’，有至高无上的权威，我怎么敢失礼呢？”白胡子老人微微一笑，高声喊道：“皇上驾临敝舍，家人快来迎接。”这一声好似洪钟，传遍几层院落，不一会儿，全家百十来口人都跪在当院，拜见过皇上，然后又都散去。乾隆跟着白胡子老人来到堂屋，他已经对大门上的横批有了点理解，但他还是问道：“请问，这天下第一家做何解释？”那老人捋了捋尺把长的白胡子，慢慢地说：“我家自秦汉以来，宗族兴旺，枝蔓繁盛，遍及天下各府州县，算起来总共出了八十个翰林，三个状元，十二个宰相，成百个王侯，如今老夫我是五世同堂，全家共有人丁一百单八个。”说着，从柜橱里取出一卷黄绫来。打开一看，写的是“天下第一家”，下署康熙某年御笔，印有皇帝的玉玺。乾隆对老人说：“这么说，这就是刘爱卿的家了。”老人点头说：“刘墉正是老夫的重孙。这孩儿性情直憨，恐有不周之处，还望皇上海涵。”乾隆说：“正是因为刘墉秉公正直，我才如此器重他呀！”这时已是正午，老人说：“已到午饭时刻，臣无备，请皇上赏光，就在寒舍用膳。”乾隆点头答应了。只听钟声一响，端来了饭菜。皇上还以为是山珍海味呢，没想到是一个盘子里盛着个玉米面窝头，还有两碗青菜汤。老人把窝头切成四块，递给皇上一块。乾隆勉强吃下半块窝头，就再也咽不下去了，剩下那三块老人全吃光了。乾隆看着老人吃得是那样香甜，断定他是粗茶淡饭、勤俭度日惯了的人。心想：这与和珅家那种花天酒地的生活，是无法相比的。乾隆南巡返回北京后，对刘墉更加赏识、更加信任了，相反，对和珅却增加了几分疑虑。

（3）承德刘墉故居

刘墉的父亲刘统勋，字延清，号尔纯，雍正年间进士，乾隆年间曾任东阁大学士兼军机大臣。因其“颇能进谏”和“革除职弊”而深得乾隆皇帝赏识，乾隆曾向近臣说：刘统勋方不愧为真宰相，汝等宜效法之。他还担任过《四库全书》的总裁。刘墉的侄子叫刘镮之，也是个进士出身，嘉庆年间曾任过吏部尚书。祖孙三代均在朝中为官，实属罕见，从而留为世间的美谈。刘墉和他父亲一样，一向为官清廉，秉公执法。据史料记载，他在任江宁府知府时，因为他为老百姓做了不少好事，被赞许为“清介持公、名播海内”。刘墉作为乾隆皇帝身边的重臣，曾多次伴驾到热河。据传，在丽正门西侧路西的热河武庙（即关帝庙）曾有过刘墉的书斋，每日清晨起床刘墉都要到此书斋挥毫泼墨。前些年曾听当地一位已经年过 110 岁高龄，现已谢世的孟次礼老人讲：“在年轻时，有一位其祖辈在清宫廷做过官的朋友家，曾见过刘墉的手书真迹。刘墉随乾隆皇帝来热河多次，早年他来热河就住在热河武庙西跨院的书斋里，写下的书法废纸就堆满一间小屋。”据史料记述，刘墉年过八十，仍是“双眸炯然、轻健如故”。刘墉在承德街上也曾有过府邸。据民间传说，早年曾在热河都统衙门南胡同口（即省公署的南胡同口），在其东侧有处坐北朝南的四合院，从北向南说，先是高大房间的正厅，全是用大青方砖铺地，小青瓦起脊卧砖到顶四梁八柱的瓦房。东、西尚有配房数间，周围尚有整齐的圈墙，民国年间曾是王法堂家祖辈的住宅。在“日伪”统治承德的年代，这处正厅高大的房舍曾为日商经营的大阪屋服装店占用，占用的时间大约是二十世纪四十年代初期。承德解放后，此地曾经是承德市副食品公司中华路烟酒门市部的门店。在那时候还能辨认出这处古式的房舍的模样来。1988 年扩建市区东大街马路，加之而后改建竹林寺小区，新建起大批的楼房，就使这处古老的府邸房舍全部消失了。在承德民间流传着不少刘墉的轶事，关于他的府邸仅是其中的一个掌故。

4．刘墉的其他故事

（1）刘墉山西认义女

一年夏天，刘墉带着家丁刘青到山西私访。这天到了一处鸟语花香的地方，毒日当头。二人感到口渴，便四处寻找水喝。正行间，见一村姑在井上轱水，刘青乐得一步三颠跑到井边，摸出钵子就向桶里舀水。“慢！你这人连句招呼都不会打，这水随便喝得吗？”“咋啦，还得花钱不成？”“钱不稀罕，讨水先得对诗，对得上喝菠萝蜜也不难！”刘青听了连忙说：“好，俺对！”村姑微微一笑连出四句：“哪样东西高起天，哪样东西矮起地，哪样东西苦中苦，哪样东西甜如蜜？”刘青嘻嘻一笑，慢悠悠地回答：“上有瑶池高起天，下有龙泉矮起地，唯有黄连苦中苦，菠萝汁子甜如蜜。”

"俗，太俗！另从孝字打头开。"

"这……"刘青一听直挠头皮，张口结舌没词了。刘墉见家丁出丑，赶紧帮腔说："俺来对：孝顺爷娘高起天，后娘的孩子矮起地，无儿寡妇苦中苦，过门的新娘甜如蜜。"

"嘻嘻，您老人家胡子一大把，学问还不浅呐，索性再考考你吧。听着，我出个上句：吕梁山前一门独户三进士。"

刘墉立即对道："齐鲁大地一山一水一圣人。"

村姑一听，又甩出一绝句："传山西鬼君窃师扬四海。"

联中的鬼君窃师分别指鬼师张陵，君师赵中元，窃师时迁。刘墉不慌不忙地对道："话山东皇帝仙君震环天。"

联中的皇指三皇，帝指五帝，仙君指泰山供奉的碧霞元君，俗称泰山奶奶。那村姑听完对句，方知碰上了"大学问"，不再发难，拎起水桶扭头就走。刘青一看急眼了："你等等，想要赖不成，快拿水来！"

"傻样，姑娘早把菠萝蜜泡好了，快领那位大爷随我来……"

刘墉打心里佩服姑娘的才智，当场认作了干闺女，又把她许给了刘青。隔了几年，刘墉抬举刘青做了吕梁山左一路副将，继之调任山东督台府总兵官，村姑一跃成了三品诰命夫人。

（2）袁枚赠刘墉

月尤芒角星相避，树有包容鸟亦知。

——袁枚赠刘墉

刘墉不仅是一位忠介耿直的清官，还是一位杰出的艺术家和诗人。他琴棋书画无所不精，尤以书法名世。刘墉有才也重才，一生选拔贤才，不遗余力。在任安徽江苏学政时，革除科场弊端，奖励勤奋好学、有真才实学的士子。他选中的解元就曾得到乾隆皇帝的赏识，他发现的英和、潘世恩等人，后都成为军机大臣。潘世恩晚年推荐的林则徐更为世人所称道。刘墉待人宽容厚道，文学家袁枚曾赠送给他这副对联，刘墉自己也很喜欢。

第十二讲 刘墉的后代之谜

一、刘统勋的后代

1. 刘统勋的后代

刘墉自己没有儿子，从刘绂煜（即刘墉的九叔）的第六个儿子处过继了次子刘锡朋为自己的儿子。刘锡朋有两个儿子，长子刘光海，次子刘耀海。

刘墉有一个侄儿，名字叫刘镮之。刘镮之有两个儿子，长子刘喜海，次子刘华海。刘喜海后来也官至尚书。

从刘统勋开始，刘氏一门出了三个“公”。这“三公”是：“文正”公刘统勋、“文清”公刘墉、“文恭”公刘镮之。祖孙三公，成为实实在在的书香门第，名门望族。

2. 刘镮之

刘镮之（？～1821年），字佩循，号信芳。三岁丧父，自幼由伯父刘墉抚养教育。1779年中进士，任翰林院庶吉士。嘉庆四年（1799年）出任浙江学政，十月迁詹事府詹事。次年擢内阁学士兼礼部侍郎。嘉庆七年(1802年）迁兵部右侍郎，七月转兵部左侍郎。嘉庆九年（1804年）正月，任提督江苏学政，六月调吏部右侍郎，仍留学政任。嘉庆十二年（1807年）任顺天学政。嘉庆十五年（1810年）六月充浙江乡试正考官，八月命提督江苏学政。次年擢兵部尚书。嘉庆十八年（1813年）署刑部尚书兼顺天府尹。兼任不久，逆匪持清滋事，失察，应降职。皇帝加恩留任。嘉庆十九年（1814年）调任户部尚书。嘉庆二十年（1815年）将伯父刘墉书法结集出版。嘉庆二十二年（1817年）嘉庆皇帝从热河秋猎回京，镮之入见，皇帝诘问："为何奏事不多？"又问："怎么不及时捕教匪？"镮之不能对。皇帝责其工作太不认真，降为侍郎候补。次年年底迁都察院左都御史。嘉庆二十五年(1820年）春任兵部尚书。道光皇帝嗣统，调任吏部尚书，加太子少保。次年卒于官，赐祭葬，谥"文恭"，《清史稿》有传。镮之为官清廉，卒后，道光皇帝谓其"明白敢言、深为悼惜"。

总的看来，刘镮之官做得甚大，也深得皇帝宠信。但时局多变，朝廷上下实心干事的人愈来愈少。刘镮之也难免俗，与其祖辈相比，就平庸许多，这也是整个刘家衰落与时代衰敝丛生相互作用的结果。

刘镮之生二子：刘喜海、刘华海。其中，刘喜海是清代著名的学者和藏书家。

二、刘镮之的儿子刘喜海

刘喜海（1793～1852年)，字吉甫，号燕庭，清嘉庆二十一年（1816年）考取举人。先任西安知县，道光十二年（1836年）任福建临汀太守，后历任陕西按察使、四川按察使等职。后因受人弹劾，被贬官回乡。

1．官场中的刘喜海

作为四川一省司法官的按察使刘喜海是有一定的代表性的。他为官极其残酷，"凡外州县解来匪犯，或先责小板四百，然后讯供；或带至城隍庙，令犯人跪于神前，先揲一筊，如系阳筊则免死，如系阴筊则在神前责毙，或头浆迸出，或肢体断折，惨酷不可言状”。司法者本身一点不讲法制，草菅人命，野蛮残酷，使人们的正常生活失去最后一道保障。四川人民反抗之烈，和四川刑狱不能得其平有很大关系。

2. 大收藏家刘喜海

（1）文人刘喜海

刘喜海当官20多年从不贪婪，每到一地，却尽力搜求收集古籍珍本和金石文字。他的“味经书屋”是清代著名的私人藏书楼。他收藏的珍籍有蜀本《张说之文集》30卷、数十种宋版精刊善本、唐人文集和百衲本《史记》。他汇编出版的《金石苑》是中国金石文字史上一部非常有价值的著作。

另外值得一提的是，刘喜海还留意朝鲜等海外金石资料的收集和整理，为促进清末中朝文化交流作出了巨大的贡献，至今受到中朝文化界的称誉。有《朝鲜书目》《海东金石苑》《东古文存》等行世。

刘喜海虽然是一位官员，但他对学术和古籍、金石却有更大的喜好。在这个方面，有很多故事。

（2）钱币收藏家刘喜海

刘喜海还是一位著名的钱币收藏家，集钱达40年之久，所蓄古钱精品甚多。著有《古泉苑》一百零一卷，收钱图四千六百多种、钱范图数十幅，是当时辑图最多的著作，惜未刊行。经后世钱币学大家丁福保先生搜集整理，将刘喜海的《泉苑菁华》与戴熙的《古泉丛话》于1935年合刊问世。刘喜海在道光年间还对翁树培编著的《古泉汇考》加以整理和订正，使之成为清代最重要的钱币著作之一，虽未刊刻，但有抄本传世。

（3）青铜器收藏家刘喜海

清咸丰二年（1852年）刊刻的《长安获古编》卷2有这样一段记载：西安知县刘喜海甚好古铜，对有铭文的古铜加价收买，而无铭文之器却一件不收。因此，西安一带的古董商设法在铭文的真器上錾刻伪字，以投刘氏所好。从此，在真器上刻伪铭之风便在西安兴盛起来。

刘喜海善于收藏青铜器，最为有名的是收藏过大盂鼎。

现收藏于中国国家博物馆的西周时代的大盂鼎具有高度的历史和艺术

价值，是青铜器的优秀代表，堪称一绝。该鼎造型端庄、形体巨大、气度恢宏。通高约 100 厘米，重达 153.3 公斤。

大盂鼎，清代道光年间在陕西省眉县礼村沟岸中出土。初为宋瑞卿所得，继为岐山县知县周赓盛强夺去，后为刘喜海得到，又为袁保恒以七百金购去，再后左宗棠以重资向袁购得转送给潘祖荫。1951 年潘氏后人将鼎献出，原藏上海博物馆，1959 年移至中国历史博物馆（现中国国家博物馆）。

刘喜海，生四子：刘虞采、刘宁采、刘需采、刘南采。

三、诸城刘氏祠堂

刘统勋、刘墉相继做宰相后，诸城刘氏一人得道，鸡犬升天，同族兄弟子侄在乾嘉时代学有所成、入仕为官者竟多达 64 人，号称“诸城刘家六十四弟子”。此后，诸城刘氏人文蔚起，英才辈出，又据《东武刘氏族谱》统计，仅清代就出了 34 个举人、10 个进士、4 个翰林、6 个知府、21 个知县。

清道光年间，为凭吊刘墉的功德，刘墉的族人出资在祖籍草涧建造一座刘氏祠堂，刘氏祠堂坐落原村南始祖思源墓地东侧，与思源公墓地依次排列，祖林古柏参天。林地东侧一棵古槐，树粗两人合抱，树高三丈有余。林前有一块几千斤重的大白火石。

刘氏祠堂占地一亩二分，正堂为三间，砖木结构，重梁挂柱。壁内朱漆粉刷，祠堂东西两挑檐爬爬狗依次排队（爬爬狗张着口），祠堂东西两山尖，安着钢杈守。祠堂院墙是用青砖砌成的花墙，院内有两棵黄杨树，分植在祠堂正门两侧，有三棵银杏树，其中两棵大的直径有六十多厘米，高两丈有余，还有柏树数株。祠堂内的仪仗是由刘墉家族的族长专程护送来的，皇帝御赐恩典的半台銮驾陈列祠中。祠堂正面悬挂着长 1.8 米，宽 0.9 米横匾一块，上面五个烫金大字“御赐清爱堂”。祠堂正中安放着刘墉神位，写着“吏部天官刘墉之位”。神位前是香案，香案两侧插着旗牌三扇，金瓜、钺斧、朝天镫、半台銮驾，还有龙凤棍、铜锣等仪仗。祠堂正门檐下分别悬挂着御赐纱灯一对，光泽照人，整个祠堂富丽堂皇，引人起敬。祠堂正堂西南侧有偏房两间，是专供守祠人居住。据传：过去凡是路过此地的清朝官吏，都必须三里路之前文官下轿，武官下马，步行到祠堂行大礼拜銮驾。建祠以来每到春节和正月十五，刘氏族人扶老携幼前来祠堂叩拜、祭奠、凭吊刘墉英灵，省内外一些始祖思源公的后裔也时常来此凭吊。思源公后裔遍布诸城、临沂、莒县、沂水以及苏赣等全国各地，但大部分族人仍居住在诸城故地。

附录 刘墉年谱

康熙五十八年（1719年），出生；

乾隆十六年（1751年），中进士，任翰林院庶吉士；

乾隆二十年（1755年），因受父亲案件的牵连被革职；

乾隆二十一年（1756年），任安徽学政；

乾隆二十四年（1759年），任江苏学政；

乾隆二十七年（1762年），任山西太原府知府；

乾隆三十年（1765年），升任冀宁道台；

乾隆三十一年（1766年），因在太原府知府任内对阳曲县令段成功贪污公款一案有失察之责，被发往军中效力改造；

乾隆三十二年（1767年），恩旨释还，在修书处行走；

乾隆三十四年（1769年），出任江宁府知府；

乾隆三十七年（1772年），任陕西按察使；

乾隆三十八年（1773年），因父亲逝世，丁忧守孝三年；

乾隆四十一年（1776年），授内阁学士兼南书房行走；

乾隆四十二年（1777年），任江南乡试正考官；

乾隆四十三年（1778 年），任户部右侍郎；

乾隆四十五年（1780 年），升迁为湖南巡抚；

乾隆四十六年（1781 年），任都察院左都御史；

嘉庆二年（1797 年），授体仁阁大学士；

嘉庆九年（1804 年），去世。